国家智库报告 2020（26）
National Think Tank
法治指数与法治国情

中国政务公开第三方评估报告（2019）

中国社会科学院法学研究所　国家法治指数研究中心
法治指数创新工程项目组　著

THIRD PARTY ASSESSMENT REPORT ON THE OPENNESS
OF GOVERNMENT AFFAIRS IN CHINA (2019)

中国社会科学出版社

图书在版编目(CIP)数据

中国政务公开第三方评估报告.2019／中国社会科学院国家法治指数研究中心，中国社会科学院法学研究所法治指数创新工程项目组著.—北京：中国社会科学出版社，2020.8
（国家智库报告）
ISBN 978-7-5203-6931-2

Ⅰ.①中…　Ⅱ.①中…②中…　Ⅲ.①国家行政机关—信息管理—研究报告—中国—2019　Ⅳ.①D630.1

中国版本图书馆 CIP 数据核字（2020）第 138913 号

出 版 人	赵剑英
项目统筹	王　茵
责任编辑	马　明
责任校对	任晓晓
责任印制	李寡寡

出　　版	中国社会科学出版社
社　　址	北京鼓楼西大街甲 158 号
邮　　编	100720
网　　址	http://www.csspw.cn
发 行 部	010-84083685
门 市 部	010-84029450
经　　销	新华书店及其他书店
印刷装订	北京君升印刷有限公司
版　　次	2020 年 8 月第 1 版
印　　次	2020 年 8 月第 1 次印刷
开　　本	787×1092　1/16
印　　张	9.5
插　　页	2
字　　数	105 千字
定　　价	58.00 元

凡购买中国社会科学出版社图书，如有质量问题请与本社营销中心联系调换
电话：010-84083683
版权所有　侵权必究

项目组负责人：

田　禾　中国社会科学院国家法治指数研究中心主任，法学研究所研究员、法治指数创新工程项目组首席研究员

吕艳滨　中国社会科学院国家法治指数研究中心副主任，法学研究所研究员、法治国情调研室主任

项目组成员：（按照姓氏汉字笔画排序）

马甜莉　王小梅　王万秀　王　希　王祎茗
车文博　田纯才　田昕昕　代玲玲　冯迎迎
许燕霞　刘雁鹏　米晓敏　吴俊杰　胡昌明
洪　梅　栗燕杰

执笔人：

吕艳滨　田　禾

摘要： 2019 年度，中国社会科学院国家法治指数研究中心、法学研究所法治指数创新工程项目组围绕决策公开、管理的服务公开、执行和结果公开、政策解读与回应关切、依申请公开等方面，继续对 49 家国务院部门、31 家省级政府、49 家较大的市政府、125 家县（市、区）政府开展政务公开工作的情况进行了第三方评估。评估显示，2019 年政务公开制度日趋完善，决策公开稳步推进，政务服务、行政执法、管理结果公开均有明显进步，但未来还需要进一步提升公开意识、找准公众需求、将公开融入政务活动全流程、提升信息化保障水平。

关键词： 政务公开　政府透明度　法治指数　政府网站

Abstract: In 2019, the CASS Center for the Study of National Rule of Law Index and the Innovation Project Team on the Rule of Law Index of the CASS Law Institute continued to carry out third-party assessment of the work of openness of government affairs of 49 departments under the State Council, 31 provincial-level governments, 49 governments of larger cities, and 125 county (municipal or district) governments with respect to decision-making, management and service, enforcement and results, policy interpretation and response to public concern, and disclosure upon application. The assessment shows that, in 2019, the provisions on openness of government affairs had been gradually perfected, the openness of decision-making had been steadily advanced, and marked progresses had been made in the openness of government services, administrative law enforcement and management results. In the future, China needs to further enhance the consciousness of openness, pinpoint public demands, integrate openness into the whole process of government operation, and raise the level of informatization safeguards.

Keywords: Openness of Government Affairs; Government Transparency; Rule of Law Index; Government Websites

目 录

引 言 ………………………………………………… (1)

一 评估对象、指标及方法 ………………………… (2)

二 总体评估结果 …………………………………… (7)
  （一）政务公开取得显著成效……………………… (7)
    1. 完善政策法规，多层次明确公开要求 …… (7)
    2. 重大决策预公开规范化程度明显提升 …… (9)
    3. 政务服务信息公开整体水平有所
       提升 …………………………………………… (10)
    4. 部分地方政府随机抽查事项清单覆盖
       部门较多 ……………………………………… (11)
    5. 各级政府推行行政执法公示制度初见
       成效 …………………………………………… (12)
    6. 省、市两级法治政府建设年度报告公开
       情况较好 ……………………………………… (13)

7. 部分政府规范性文件备案和清理信息
    公开情况较好 ……………………………………（13）
8. 部分地方政府公开债务信息情况
    较好 ………………………………………………（14）
9. 部分义务教育阶段招生信息公开
    情况较好 …………………………………………（15）
（二）政务公开工作仍需解决的问题 …………（16）
1. 重大决策预公开工作仍需进一步
    加强 ………………………………………………（16）
2. 建议提案办理结果公开力度仍需
    加大 ………………………………………………（17）
3. 部分机关权力清单公开水平有所
    下降 ………………………………………………（18）
4. 政务服务信息公开水平仍有提升
    空间 ………………………………………………（19）
5. 部分双随机信息未公开、公开要素
    不全 ………………………………………………（19）
6. 部分领域信息公开的规范性有待
    加强 ………………………………………………（20）
7. 审计计划、审计报告等公开率较低 ……（22）
8. 法治政府建设年度报告发布仍需进一步
    规范 ………………………………………………（23）
9. 部分义务教育信息公开程度仍然
    较低 ………………………………………………（24）

10. 部分政务公开的新要求有待进一步
　　　　落实 ·· (25)
　　11. 依申请公开依然存在渠道不畅通、答复
　　　　不规范的问题 ······································ (26)

三 各领域评估结果 ································ (28)
（一）重大决策预公开 ······························ (28)
　　1. 评估发现的亮点 ··································· (29)
　　2. 评估发现的问题 ··································· (32)
（二）建议提案办理结果公开 ···················· (35)
　　1. 评估发现的亮点 ··································· (36)
　　2. 评估发现的问题 ··································· (37)
（三）权力清单公开 ································ (39)
　　1. 评估发现的亮点 ··································· (40)
　　2. 评估发现的问题 ··································· (41)
（四）政务服务信息公开 ·························· (44)
　　1. 评估发现的亮点 ··································· (45)
　　2. 评估发现的问题 ··································· (48)
（五）"双随机"监管信息公开 ···················· (51)
　　1. 评估发现的亮点 ··································· (52)
　　2. 评估发现的问题 ··································· (53)
（六）行政执法统一公示平台建设 ·············· (55)
　　1. 评估发现的亮点 ··································· (55)
　　2. 评估发现的问题 ··································· (56)

（七）行政处罚信息公开 …………………………… (57)
    1. 评估发现的亮点 ………………………………… (58)
    2. 评估发现的问题 ………………………………… (60)

（八）审计结果公开 ………………………………… (63)
    1. 评估发现的亮点 ………………………………… (64)
    2. 评估发现的问题 ………………………………… (65)

（九）法治政府建设年度报告 ……………………… (68)
    1. 评估发现的亮点 ………………………………… (68)
    2. 评估发现的问题 ………………………………… (70)

（十）规范性文件公开 ……………………………… (73)
    1. 评估发现的亮点 ………………………………… (74)
    2. 评估发现的问题 ………………………………… (77)

（十一）地方政府债务领域信息公开 ……………… (79)
    1. 评估发现的亮点 ………………………………… (80)
    2. 评估发现的问题 ………………………………… (82)

（十二）义务教育领域信息公开 …………………… (84)
    1. 评估发现的亮点 ………………………………… (85)
    2. 评估发现的问题 ………………………………… (88)

（十三）政策解读 …………………………………… (89)
    1. 评估发现的亮点 ………………………………… (90)
    2. 评估发现的问题 ………………………………… (91)

（十四）政府公报 …………………………………… (93)
    1. 评估发现的亮点 ………………………………… (93)
    2. 评估发现的问题 ………………………………… (94)

（十五）网站互动 …………………………………（95）
    1. 评估发现的亮点 …………………………………（95）
    2. 评估发现的问题 …………………………………（97）
（十六）政府网站平台建设 …………………………（97）
    1. 评估发现的亮点 …………………………………（97）
    2. 评估发现的问题 …………………………………（98）
（十七）政务新媒体建设 ……………………………（100）
    1. 评估发现的亮点 …………………………………（101）
    2. 评估发现的问题 …………………………………（102）
（十八）依申请公开 …………………………………（103）
    1. 评估发现的亮点 …………………………………（104）
    2. 评估发现的问题 …………………………………（105）

四 政务公开发展展望 …………………………………（112）

附件 中国政务公开第三方评估（2019）
    评估对象 ………………………………………（115）

参考文献 …………………………………………………（128）

后 记 ……………………………………………………（134）

引 言

2019年是《政府信息公开条例（修订版）》颁布并实施的第一年，为全面了解2019年度全国政务公开工作的实际情况，进一步推动全国政务公开工作，中国社会科学院国家法治指数研究中心、法学研究所法治指数创新工程项目组（以下简称"项目组"）继续对各级政府政务公开情况进行调研和评估，本报告对此次调研和评估情况进行了总结分析。

一 评估对象、指标及方法

2019年的评估对象包括49家机构改革后对外有行政管理权限的国务院部门、31家省级政府、49家较大的市政府、125家县（市、区）政府。本次选取的县（市、区）政府的评估对象数量在2018年的基础上有所增加，新增了25家省会城市、自治区首府和直辖市人民政府所在地的区级政府。

项目组根据修订后的《政府信息公开条例》、中共中央办公厅和国务院办公厅印发的《关于全面推进政务公开工作的意见》、国务院办公厅《〈关于全面推进政务公开工作的意见〉实施细则》、国务院办公厅《2019年政务公开工作要点》等相关文件，设定了2019年的评估指标。针对国务院部门和地方各级政府的一级指标包括决策公开、管理和服务公开、执行和结果公开、政务公开平台建设、依申请公开（见表1、表2、表3、表4）。

决策公开指标主要考察国务院各部门、各级政府进行重大决策预公开、规范性文件公开以及政策解读信息发布情况。

管理和服务公开指标主要考察有相应职权的国务院部门、各级政府公开权力清单信息、政务服务信息、行政执法信息的公开情况，其中对行政执法信息的考察包括行政执法信息统一公示平台建设、"双随机"监管信息以及行政处罚信息的公开情况。

执行和结果公开指标主要考察公开法治政府建设年度报告和建议提案办理结果的情况；对国务院部门以外的评估对象还考察了其公开政府债务信息和审计报告的情况；对县（市、区）政府还考察了其公开义务教育信息的情况。

政务公开平台建设指标主要考察政府网站栏目建设情况、网站互动交流、政府公报发布情况以及政务新媒体建设情况等。其中，政府公报不适用于国务院部门。

依申请公开指标仅考察了125家县（市、区）政府在线申请和信函申请渠道的畅通性和答复规范化程度。

表1　　政府透明度指数指标体系（国务院部门）

一级指标	二级指标
决策公开	重大决策预公开
	规范性文件公开
	政策解读

续表

一级指标	二级指标
管理和服务公开	权力清单公开
	政务服务信息公开
	行政执法信息公开
执行和结果公开	法治政府建设年度报告
	建议提案办理结果公开
政务公开平台建设	网站建设
	网站互动交流
	政务新媒体

表2　政府透明度指数指标体系（省级政府）

一级指标	二级指标
决策公开	重大决策预公开
	规范性文件公开
	政策解读
管理和服务公开	权力清单公开
	政务服务信息公开
	行政执法信息公开
执行和结果公开	审计结果公开
	地方政府债务信息公开
	法治政府建设年度报告
	建议提案办理结果公开
政务公开平台建设	网站建设
	政府公报
	网站互动交流
	政务新媒体

表 3　　　政府透明度指数指标体系（较大的市政府）

一级指标	二级指标
决策公开	重大决策预公开
	规范性文件公开
	政策解读
管理和服务公开	权力清单公开
	政务服务信息公开
	行政执法信息公开
执行和结果公开	审计结果公开
	地方政府债务信息公开
	法治政府建设年度报告
	建议提案办理结果公开
政务公开平台建设	网站建设
	政府公报
	网站互动交流
	政务新媒体

表 4　　　政府透明度指数指标体系［县（市、区）政府］

一级指标	二级指标
决策公开	重大决策预公开
	规范性文件公开
	政策解读
管理和服务公开	权力清单公开
	政务服务信息公开
	行政执法信息公开
执行和结果公开	审计结果公开
	地方政府债务信息公开
	法治政府建设年度报告
	建议提案办理结果公开
	义务教育信息公开

续表

一级指标	二级指标
政务公开平台建设	网站建设
	政府公报
	网站互动交流
	政务新媒体
依申请公开	渠道畅通性
	答复规范化

项目组通过观察各评估对象门户网站及其相关部门网站发布的相关信息，分析其落实公开要求的情况。项目组从2019年8月27日至12月20日，陆续通过在线申请（在线平台或者电子邮件）和信函申请（邮寄挂号信）的方式，对125家县（市、区）政府进行了依申请公开情况的评估。指标评估的时间段不尽相同，但总体上截至2019年12月31日。

二　总体评估结果

2019年是修订后的《政府信息公开条例》（以下简称新《条例》）实施的第一年，是中共中央办公厅、国务院办公厅印发的《关于全面推进政务公开工作的意见》实施的第三年。按照政务公开的总体要求，各地方各部门应全面推进决策、执行、管理、服务和结果全过程、全流程公开，全面推广政务公开的标准化规范化，全面扩大公众参与，发挥信息发布、政策解读、回应关切三位一体、相辅相成的作用。评估发现，2019年全国政务公开工作成效显著。

（一）政务公开取得显著成效

1. 完善政策法规，多层次明确公开要求

2019年《中华人民共和国政府信息公开条例（修订）》颁布并实施，这是《条例》实施以来第一次修

订。本次修订扩大了主动公开范围，明确了"公开为常态，不公开为例外"的法定公开原则，理顺了依申请公开的程序和机制，界定了公开范围，强化了政务公开便民服务的举措，为全面推进政务公开工作提供了更强有力的法律支持。《重大行政决策程序暂行条例》的颁布实施，首次从立法角度明确了重大行政决策的合法程序，对重大决策预公开、公众参与等提出了更加明确的要求。《优化营商环境条例》首次将全面推进决策、执行、管理、服务、结果公开等"五公开"的要求写入法规，并对多个细分领域提出了明确的公开要求。

中共中央和国务院政策层面，2019年也集中出台了多项政策文件，从不同角度对规范政务公开工作提出了具体要求，包括《政府网站集约化试点工作方案》《关于全面推行行政执法公示制度执法全过程记录制度重大执法决定法制审核制度的指导意见》《国务院关于在市场监管领域全面推行部门联合"双随机、一公开"监管的意见》《关于在制定行政法规规章行政规范性文件过程中充分听取企业和行业协会商会意见的通知》《法治政府建设与责任落实督察工作规定》《国务院关于加强和规范事中事后监管的指导意见》《关于全面推进基层政务公开标准化规范化工作的指导意见》《关于规范政府信息公开平台有关事项的通知》

《关于政府信息公开工作年度报告有关事项的通知》等,其中既有对公开内容的要求和程序性要求,也有对公开平台和保障机制规范化的规定,有助于政务公开工作得到全面规范落实。

2019年也是全国基层政务公开标准化规范化试点总结试点经验之年。国务院各部门在100家县(市、区)试点成果的基础上,结合调研情况,分别围绕国土空间规划、重大建设项目、公共资源交易、财政预决算、安全生产、税收管理、征地补偿、国有土地上房屋征收、保障性住房、农村危房改造、环境保护、公共文化服务、公共法律服务、扶贫、救灾、食品药品监管、城市综合执法、就业创业、社会保险、社会救助、养老服务、户籍管理、涉农补贴、义务教育、医疗卫生、市政服务等26个试点领域,制定了相应的标准指引,为下一步全面形成全国统一的基层政务公开标准体系,提高基层政务公开标准化规范化水平,打下了坚实的基础。

2. 重大决策预公开规范化程度明显提升

第一,多数评估对象设置了专门栏目公开意见征集信息。评估发现,有32家国务院部门、31家省级政府、38家较大的市政府以及60家县(市、区)政府门户网站设置了意见征集专门栏目。有6家国务院部门、10家省级政府、25家较大的市政府及23家县（市、区）政府，能够集中公开同一次意见征集的征集公告、决策草案、草案说明、意见采纳情况反馈等信息，便于群众集中查阅。

第二，更多评估对象注重区分意见征集状态。评估发现，有11家国务院部门、17家省级政府、23家较大的市政府及22家县（市、区）政府在征集意见公告的标题、页面设计或栏目设置等方面，对意见征集状态进行区分，明确正在征集或已经结束等征集状态（或标注征集日期）。

第三，部分评估对象详细公开了具体意见的采纳情况。评估发现，有3家国务院部门、3家省级政府、18家较大的市政府和9家县（市、区）政府公开了完整的意见反馈信息，包括征集到意见的总体情况、采纳情况和不采纳的理由。

3. 政务服务信息公开整体水平有所提升

随着"一网、一门、一次"改革工作的深入实施，政务服务信息公开的水平正在大幅提高。一是政务服务事项目录的公开率比2018年明显上升。国务院部门政务服务事项目录的公开率由84%提高到87.76%，省、市、县三级政府由74.19%、51.02%、57.00%全部提升到100%。二是多数评估对象实现市场主体和个人"全生命周期"的办事服务事项集成式、一站式公开。评估发现，省、市、县（市、区）政府对市场主体和个人办事服务事项集成展示的分别有26家、42家、125家和21家、35家、124家，公开率分别达到83.87%、85.71%、100%和67.74%、71.43%、99.20%。三是部分评估对象服务事项归类清晰便于查阅。四是部分评估对象办事指南公开要素更细化、更便民。部分评估对象服务指南中不仅有明确的办事地点，还有交通指引，提供了乘车路线或地图导航链接；部分评估对象提供了常见问题解答、常见错误示例等功能，集中解答群众办事疑惑，提升服务效能。

4. 部分地方政府随机抽查事项清单覆盖部门较多

评估发现，部分省市县政府在门户网站发布的随机抽查事项清单，覆盖部门数量较多，"双随机"监管覆盖面广。例如，贵州省39个部门发布了随机抽查事项清单；四川省38个部门发布了随机抽查事项清单；湖北省武汉市41个部门发布了随机抽查事项清单；内蒙古自治区呼和浩特市40个部门发布了随机抽查事项清单；山东省烟台市龙口市27个部门发布了随机抽查事项清单；浙江省金华市义乌市43个部门发布了随机抽查事项清单。

5. 各级政府推行行政执法公示制度初见成效

推行行政执法公示制度，是规范执法秩序的重要举措。2018年12月5日，国务院办公厅颁发《国务院办公厅关于全面推行行政执法公示制度执法全过程记录制度重大执法决定法制审核制度的指导意见》（国办发〔2018〕118号），对全面推进行政执法公示制度提出了新的要求。评估发现，行政处罚事项目录、部分领域的行政处罚结果公开程度较高，部分地方政府已率先建成全省行政执法信息统一平台公示。

首先，部分地方政府已率先建成全省行政执法信息统一平台公示。评估发现，广东省、湖南省长沙市等地积极推进《国务院办公厅关于全面推行行政执法公示制度执法全过程记录制度重大执法决定法制审核制度的指导意见》落地，建立了全省统一的行政执法信息统一公示平台，平台均按照事前公开、事后公开两个板块分别建设，其中广东省公示平台覆盖了省、市、县（市、区）、镇（街道）四级各类行政执法信息，公示信息范围覆盖行政处罚、行政强制、行政检查、行政征收征用、行政许可等各类行政执法行为。

其次，绝大多数评估对象公开了行政处罚事项目录。31家省级政府、47家较大的市政府、116家县（市、区）政府网站集中公开了各部门的行政处罚事项目录，公开率分别达到 100%、95.92% 和 92.80%。

最后，省、市、县（市、区）政府市场监督管理部门行政处罚结果公开较好。评估发现，28 家省级政府、43 家较大的市政府、105 家县（市、区）政府公开了 2019 年度处罚结果，公开率分别达到 90.32%、87.76% 和 84.00%。

6. 省、市两级法治政府建设年度报告公开情况较好

评估发现，2019 年有 31 家省级政府、43 家较大的市政府发布了 2018 年报告，分别比 2018 年发布 2017 年度报告增加了 7 家和 6 家，公开率达到 100%、87.76%。且多数评估主体发布的法治政府建设年度报告内容比较全面，能够随年度报告披露 2018 年法治政府建设存在的问题和 2019 年法治政府建设的重点与方向。

7. 部分政府规范性文件备案和清理信息公开情况较好

首先，规范性文件清理结果情况较好。评估发现，有 31 家国务院部门、26 家省级政府、42 家较大的市政府、68 家县（市、区）政府发布了近 3 年本部门规范性文件清理信息，分别占比 63.27%、83.87%、

85.71%和54.40%，公开率较高。其次，对规范性文件有效性进行标注的评估对象明显增多。2019年度有12家国务院部门、14家省级政府、26家较大的市政府、50家县（市、区）政府对规范性文件的有效性进行了标注，远超2018年水平。最后，部分评估对象能够定期公开规范性文件备案信息。评估发现，北京市、海南省、广西壮族自治区南宁市、辽宁省葫芦岛市建昌县等按月公开规范性文件备案信息；海南省海口市、山东省淄博市、齐齐哈尔市龙沙区、六安市金寨县、宿州市灵璧县、威海市荣成市、宁波市江北区、青岛市、南昌市、哈尔滨市、济南市、黑龙江省、河南省等按季度公开；多数评估对象按年公开备案信息。

8. 部分地方政府公开债务信息情况较好

第一，债务限额、债务余额信息公开率较高。除2018年无政府债务发生的6家评估对象外，公开了债务限额的三级政府的评估对象共175家，总体占比达87.94%，公开了债务余额的三级政府的评估对象共180家，总体占比90.45%。

第二，部分评估对象集中公开全省地方政府债务情况。如甘肃、青海等省设置政府债务信息专栏，不仅公开了省本级的政府债务信息，还用一张表汇总公开全省所有市、县债务限额、债务余额等情况。

第三，部分评估对象积极落实随预决算公开政府债务信息的要求。2018年12月20日财政部印发的《地方政府债务信息公开办法（试行）》要求，要随同每年的预决算报告一同公开地方政府债务的统计信息。评估发现，有部分评估对象，如宁夏回族自治区在2018年度政府决算报表公开时，集中公开了38张分项表格，与政府债务相关的表格包括《2018年全区政府一般债务限额和余额情况表》《2018年自治区本级一般债务限额和余额情况表》《2018年各市县政府一般债务限额和余额情况表》《2018年政府一般债务分地区余额表》《2018年新增一般政府债券项目安排情况表》《2018年全区政府专项债务限额和余额情况表》《2018年自治区本级政府专项债务限额和余额情况表》《2018年各市县政府专项债务限额和余额情况表》《2018年政府专项债务分地区余额表》《2018年新增专项政府债券项目安排情况表》等10张分项表格，信息发布翔实，便于群众集中查找。

9. 部分义务教育阶段招生信息公开情况较好

评估发现，125家县（市、区）级评估对象中，公开了本地2019年义务教育阶段入学工作文件、咨询电话、小学招生范围、初中招生范围、普通学生入学条件和随迁子女入学条件的分别有91家、73家、69

家、65家、90家和88家,公开率分别达到72.8%、58.4%、55.2%、52%、72%和70.4%,公开率比2018年分别增长了12.8个、1.4个、9个、7个、7个和1.4个百分点。

(二)政务公开工作仍需解决的问题

1. 重大决策预公开工作仍需进一步加强

第一,重大行政决策事项目录公开率较低。评估发现,仅有2家省级、12家较大的市、12家县(市、区)政府门户网站公开了2019年度重大行政决策事项目录,公开率分别仅为3.23%、24.49%和9.6%,且县(市、区)政府的公开数量比2018年减少了4家,公开率下降了6.4个百分点。

第二,部分评估对象未同步公开决策草案解读信息。评估发现,仅有3家国务院部门、2家省级政府、2家市级政府和1家县(市、区)政府在公开决策草案的同时发布了草案解读信息,其余评估对象均未公开草案解读信息。

第三,征集期限发布不规范,个别评估对象未明确意见征集期限或意见征集期限较短。评估发现,共有8家县(市、区)政府未明确征集意见的期限,还有个别评估对象征集期限周期较短。如个别评估对象决策草案的征集期限仅为四五个自然日。

第四，意见反馈信息公开程度较低。评估发现，有 26 家国务院部门、7 家省级政府、12 家较大的市政府和 31 家县（市、区）政府公开了 2019 年度重大决策草案但未公开对所征集到意见的反馈和采纳情况，意见反馈信息未公开的比例分别高达 78.79%、46.67%、36.36% 和 60.78%。部分评估对象只公开了收到的意见数量，未公开意见整体情况及详细内容；部分评估对象公开的信息显示，其全年所有意见征集大部分未收到公众反馈意见，意见征集效果差。

2. 建议提案办理结果公开力度仍需加大

虽然大多数评估对象均开设了建议提案办理结果公开的相关专栏，但建议提案办理结果的公开程度仍不够理想，尤其县（市、区）基层政府的公开力度仍显不足。

第一，部分评估对象未公开全年建议提案总体办理情况。评估发现，有 46 家国务院部门、22 家省级政府、41 家较大的市政府和 111 家县（市、区）政府，未公开本评估对象 2019 年度人大代表建议和政协委员提案办理总体情况信息。

第二，县（市、区）级政府建议提案办理复文公开率较低。评估发现，未公开人大代表建议和政协委员提案办理复文信息的县（市、区）政府分别有71家和67家，未公开的占比分别高达56.80%和53.60%，此外个别评估对象只公开了答复摘要信息，未公开答复全文。

3. 部分机关权力清单公开水平有所下降

推行权责清单制度是党中央、国务院部署的重要改革任务之一，是巩固和拓展"放管服"改革成果的有效手段，也是推进国家治理体系和治理能力现代化的重要基础性制度，权力清单的及时公开和动态调整是权责清单制度有效实施的保障。与2018年相比，2019年度权力清单和动态调整信息公开的水平明显下降。一是国务院部门权力清单公开率较低，评估发现，有4家公开了2019年完整的权力清单，公开率仅为8.16%。二是较大的市和县（市、区）政府权力清单公开率有所下降。其中较大的市政府权力清单公开率由2018年的95.90%下降至91.84%，县（市、区）政府由94.00%下降至93.60%。三是权力清单动态调整信息公开程度仍然较低。抽查发现，参与评估的省、市、县三级评估对象中，有54%的评估对象仅调整了部分部门的权力清单，15%的评估对象相关部门权力清单均未做出调整。权力清单公开水平的下降不排除是受到全国范围内机构改革的影响。

4. 政务服务信息公开水平仍有提升空间

一是确需保留的证明事项清单公开率较低。参与评估的国务院部门、省级政府、较大的市政府和县（市、区）政府确需保留的证明事项公开率仅为39.13%、32.26%、38.78%、16.80%。同时，有11家国务院部门只发布了清单的征求意见稿，未公布正式确定印发的清单，2家省级政府仅公开了村（社区）级证明事项保留清单，4家评估对象仅公开了2018年甚至2017年的清单，未做动态更新，有的地方政府仅公开了个别部门的证明事项目录清单，未做到集中清理、集中公开、集中查阅、集中监管。二是服务指南公开水平有待提升。2019年评估中，抽查了慈善机构设立登记（不含慈善机构认定）办事指南公开情况，发现仅有7家省级、10家市级和7家县（市、区）政府公开了慈善机构设立登记（不含慈善机构认定）办事指南，其余181家地方政府均未公开。三是个别评估对象仍未按要求梳理并公开政务服务事项目录。评估发现，有4家国务院部门未梳理并公开本部门政务服务事项目录。

5. 部分双随机信息未公开、公开要素不全

首先，部分评估对象公开的随机抽查事项清单要

素不全。评估发现，有2家国务院部门、1家省级政府、1家较大的市政府、7家县（市、区）政府随机抽查事项清单中未包含抽查依据；有6家国务院部门、2家省级政府、9家县（市、区）政府清单中未包含抽查主体；有1家国务院部门、2家省级政府、3家县（市、区）政府清单中未包含抽查内容；有7家国务院部门、7家省级政府、9家较大的市政府、18家县（市、区）政府的随机抽查事项清单中未包含抽查方式。其次，2019年度随机抽查结果和查处情况公开情况不佳。评估发现，有25家国务院部门未在本部门门户网站、信用中国或国家企业信用信息公示系统发布本部门2019年做出的随机抽查结果和查处情况，28家省级政府、29家较大的市政府、75家县（市、区）政府未在政府门户网站、生态环境部门网站、信用中国或国家企业信用信息公示系统发布2019年生态环境部门做出的抽查结果和查处情况。部分评估对象还存在抽查结果信息发布少、信息公开不及时的现象。

6. 部分领域信息公开的规范性有待加强

提升政务公开标准化规范化，有助于提升信息公开的质量，确保与群众切身利益密切相关的关键信息能够公开到位、监督到位、落实到位，切实保障群众利益。然而评估发现，部分评估对象还存在公开要素不全、公开信息不及时、公开事项有缺项、泄露当事人个人信息等问题，信息公开的规范性亟须加强。

第一，部分领域信息公开要素不完整。如公开了慈善机构设立登记事项服务指南的24家评估对象中，有16家存在服务指南要素不完整或不规范的情况，指南要素不规范的占比高达66.67%，其中有1家未公开办事依据，10家申报条件不够明确，存在"其他条件"等模糊性兜底条件，1家评估对象存在兜底性材料要求，8家评估对象未提供空白表格/格式文本，12家评估对象未提供样表或填报说明/填写参照文本，2家评估对象未提供办理地点或地点描述不明确。其他如随机抽查事项清单、行政处罚结果、法治政府建设年度报告、义务教育、政府债务等多个领域也存在公开信息要素不全的情况。

第二，部分领域信息公开不及时。如对省、市、县（市、区）三级政府市场监管部门的抽查结果显示，公开了2019年度行政处罚信息的176家评估对象中，有61家存在处罚结果未在7个工作日内公开的情况，占比34.66%，此外还有12家存在未公开处罚决定日期或未公开上网公示日期的情况，无法判断处罚结果公开是否及时。其他指标，如"双随机"抽查结果、义务教育招生结果、法治政府建设年度报告等多个领域也存在信息公开不及时的问题。

第三，公开事项有缺漏。如有11家国务院部门只发布了确需保留的证明事项清单征求意见稿，未发布最终确定的本评估对象确需保留的证明事项清单；在重大决策预公开方面，有132家评估对象公开了2019年重大决策征集意见信息，但只有37家公开了所征集到的意见及其采纳情况，其余95家均未公开意见反馈和采纳情况信息，同时公开了意见反馈和采纳情况的部分评估对象还存在意见征集信息与意见反馈信息不对应的情况。

第四，部分评估对象仍然存在泄露当事人个人信息的问题。例如，在公开2019年行政处罚结果时，部分地方政府未注意对个人信息进行处理，泄露了完整的个人身份证号和联系电话等信息。

7. 审计计划、审计报告等公开率较低

第一，审计计划信息公开率较低。评估发现，有23家省级政府、35家较大的市政府、92家县（市、区）政府均未公开2019年度财政审计计划和专项审计计划，占比分别达到74.19%、71.43%和73.60%。

第二，审计报告公开力度仍需加大。一是部分市、县两级政府未公开财政审计报告和专项审计报告。18家较大的市政府、104家县（市、区）政府未公开

2018年本级预算执行情况和其他财政收支审计结果公告；32家较大的市政府，103家县（市、区）政府未单独公开2019年专项审计结果报告，财政审计和专项审计报告的公开率随着政府层级的降低而相应降低。二是多数评估对象未公开2019年度重大政策措施落实情况跟踪审计报告。评估发现，有26家省级政府、47家较大的市政府和118家县（市、区）政府未公开重大政策措施落实情况跟踪审计结果，占比分别达到83.87%、95.92%和94.40%。

8. 法治政府建设年度报告发布仍需进一步规范

一是国务院部门和县级法治政府建设年度报告公开程度较低。评估发现，有25家国务院部门、77家县（市、区）政府未公开2018年度法治政府建设年度报告。二是年度报告发布不及时问题依然存在，在发布了2018年法治政府建设年度报告的145家评估对象中，有74家未能在4月1日前公开，公开不及时的比例超过50%。三是发布平台不规范。有1家国务院部门、4家较大的市政府、14家县（市、区）政府既未在本级政府门户网站发布，也未在本级政府司法行政部门网站发布报告，项目组通过百度搜索发现，相关信息发布在其他平台。四是部分评估对象报告内容不完整。有19家国务院部门、11家省级政府、12家较大的市政府、12家县（市、区）政府未公开披露2018年法治政府建设存在的问题，有7家国务院部门、8家省级政府、7家较大的市政府、12家县（市、区）政府未公开披露2019年法治政府建设的重点与方向。

9. 部分义务教育信息公开程度仍然较低

一是2019年义务教育招生结果公开率较低。评估发现，未公开2019年小学招生结果和初中招生结果的县（市、区）分别有117家和118家，总体公开率仅为6.40%和5.60%。二是个别评估对象义务教育信息公开内容较少。如河南省汤阴县、河南省开封市祥符区、黑龙江省东宁市、辽宁省沈阳市浑南区、山西省孝义市和四川省仁寿县等地政府门户网站未公开2019年义务教育阶段入学工作文件、咨询电话、招生范围（学区划分情况）、招生计划、随迁子女入学条件、招生结果以及区域内学校情况等信息。三是学校基本情况和学校招生简章信息公开比例较低。抽查发现，公开了学校简介，并能够完整覆盖办学性质、办学地点、办学规模、办学基本条件、联系方式等要素信息的评估对象仅有10家，公开率仅为8.00%；公开了学校招生简章的仅有4家，公开率仅为3.20%。

10. 部分政务公开的新要求有待进一步落实

第一，行政执法统一公示制度需要加大落实力度。《国务院办公厅关于全面推行行政执法公示制度执法全过程记录制度重大执法决定法制审核制度的指导意见》对全面推进行政执法公示制度提出了要求。评估发现，29家省级政府、43家较大的市政府和117家县（市、区）政府未按国务院文件要求设置符合规范的行政执法平台统一公示执法信息，未建设统一公示平台的比例分别高达93.55%、87.76%和93.60%。此外，部分地方统一建设的双随机监管平台或双公示平台，与国务院办公厅对于行政执法公示制度的公示要求还有较大差距，不能覆盖其他的行政执法类信息，仍有改进提升空间。

第二，地方政府债务信息公开要求落实力度不够。2018年12月20日财政部印发了《地方政府债务信息公开办法（试行）》，对政府债务信息公开的具体要素和公开方式都有非常明确具体的规定。但评估发现，除2018年无政府债务发生的6家评估对象外，未公开2018年度的债务率、偿债率、债务期限结构的评估对象分别有175家、196家和153家，公开率仅为12.06%、1.51%和23.12%；未公开2018年本级政府债务具体使用情况信息的评估对象有84家，公开率仅为57.79%。

11. 依申请公开依然存在渠道不畅通、答复不规范的问题

第一，部分评估对象存在公开指南内容错误、内容不明确等情况。如个别评估对象政府信息公开指南难以找到。通过对125家县（市、区）政府的调研发现，3家县（市、区）政府无法查到其政府信息公开指南，占比为2.4%。部分评估对象政府信息公开指南与新《条例》规定不符，部分评估对象公开指南未明确申请答复时限为20个工作日。部分政府机关关于政府信息公开申请的指南内容不明确，主要存在以下问题：部分评估对象没有列明申请方式、答复申请的期限和监督救济渠道，无法找到申请表或申请表无法下载，邮寄地址、联系电话错误等。

第二，部分评估对象办理政府信息公开申请的过程存在平台障碍和电子邮件申请障碍。平台障碍主要表现在：系统无法提交；校验码无法显示；无法上传身份证；存在固定号码、传真或工作单位等非必需的强制填写事项；申请平台注册程序复杂；平台查询办理结果功能出错等。电子邮箱申请障碍主要表现在：未对电子邮件申请情况进行确认；公示的联系电话不畅通；未使用官方办公邮箱进行答复；答复邮件中未

注明所属单位等。

第三，部分评估对象未答复、超期答复、答复内容不规范。截至评估结束，未收到答复的有32家县（市、区）政府，占25.60%；有13家县（市、区）政府未在法定期限里答复申请，占10.40%。在电子邮箱渠道的答复中，答复使用的邮箱域名为gov.cn的仅有13家，使用非官方邮箱答复的有41家，是使用官方办公邮箱答复数量的3.15倍。有9家评估对象未提供正式的答复告知书。22家评估对象完全列明了所有的复议机关和诉讼法院的具体名称，占比约为23.66%。在作出不利于当事人的答复中，有5家评估对象完全未告知救济渠道。

三　各领域评估结果

（一）重大决策预公开

重大决策预公开指标主要考察49家国务院部门、31家省级政府和49家较大的市政府、125家县（市、区）政府门户网站是否公开2019年度重大决策事项目录、是否设置决策预公开专门栏目并集中发布决策预公开信息，以及上述评估对象门户网站或其政府法制部门网站是否公开2019年度重大决策的意见征集及反馈情况。另外，根据2019年9月1日正式实施的《重大行政决策程序暂行条例》第三条的规定，重大行政决策事项主要包括：有关公共服务、市场监管、社会管理、环境保护等方面的重大公共政策和措施；经济和社会发展等方面的重要规划；开发利用、保护重要自然资源和文化资源的重大公共政策和措施；在本行政区域实施的重大公共建设项目等其他对经济社会发展有重大影响、涉及重大公共利益或者社会公众切身利益的其他重大事项。因此，本次评估对重大决策事项的界定相对往年更加严格。

1. 评估发现的亮点

(1) 2019年度重大决策草案的公开程度较高

《重大行政决策程序暂行条例》要求，决策事项向社会公开征求意见的，决策承办单位应当通过政府网站、政务新媒体以及报刊、广播、电视等便于社会公众知晓的途径，公布决策草案及其说明等材料。评估发现，有33家国务院部门、15家省级政府、33家较大的市政府、51家县（市、区）政府门户网站公开了2019年度重大决策草案，整体公开程度较高。同时，需要说明的是，省和较大的市本级政府仅有少数评估对象发布了重大决策草案，因此本次的评估放宽了对决策草案发布机构的要求，统计结果包括了相关政府部门发布的决策草案。

(2) 多数地区意见征集渠道丰富，便于群众参与

面向公众征集意见，需要群众特别是利益相关的群众的广泛参与，丰富的意见征集渠道，是提高群众参与度的保障。评估发现，有32家国务院部门、17家省级政府、32家较大的市政府及45家县（市、区）政府在公开的重大决策草案征集意见公告中，明确了意见征集渠道，且多数评估对象开通了电子邮件、信函、在线平台等多种渠道收集意见，便于群众参与。部分评估对象创新征集方式，结合新媒体时代传播特点，丰富了征集渠道，如吉林省人民政府的意见征集公告下方附有分享渠道，可以将意见征集公告分享到微信、新浪微博、人人网、腾讯微博、豆瓣等网络平台，使更多的受众参与到意见征集中来。

（3）部分评估对象详细公开了具体意见的采纳情况

公开对群众反馈意见的采纳情况，并详细说明未采纳意见的理由，有助于规范决策程序，帮助群众了解意见审定和采纳的具体情况，深入了解决策过程和政策制定的背景，促进决策过程更加规范，同时详细的意见采纳情况反馈给参与群众，有助于提高群众参与的积极性，提高群众参与度，提升重大决策意见征集的成效。评估发现，有3家国务院部门、3家省级政府、18家较大的市政府和9家县（市、区）政府公开了所征集意见的采纳情况。

（4）大部分地区设置专门栏目公开重大决策预公开信息

评估发现，有32家国务院部门、31家省级政府、38家较大的市政府以及60家县（市、区）政府门户网站设置了意见征集专门栏目，如意见征集、征求意见、征集调查、网上听证等专栏集中发布重大决策预公开草案及征集公众意见的信息。部分评估对象栏目的设置便民程度较高，集中发布预公开信息，汇集同一条意见征集的征集公告、决策草案、草案说明、意见采纳情况反馈等，便于群众集中查阅。有6家国务院部门、10家省级政府、25家较大的市政府及23家县（市、区）政府，集中发布了重大决策预公开信息。例如云南省人民政府、内蒙古自治区人民政府设置"民意征集"和"意见反馈"两个子栏目，福建省人民政府在每一条征求意见的草案后均设置了"征集内容"及"结果反馈"快捷跳转按钮，便于公众直接查看反馈意见。

（5）大部分评估对象在意见征集栏目中区分征集状态

评估发现，有11家国务院部门、17家省级政府、23家较大的市政府及22家县（市、区）政府在意见征集栏目中对征集状态进行区分。有的按照不同的征集状态设置不同的栏目，例如海关总署设置了"往期征集"和"征集中"两个栏目。有的直接在征集草案上标注征集状态或截止日期，例如山东省青岛市、浙江省杭州市、湖北省武汉市及广东省广州市越秀区在征集草案后标注"已结束"和"进行中"；国家税务总局在征集草案后备注了截止日期。

2. 评估发现的问题

(1) 重大行政决策事项目录主动公开程度有待提高

《重大行政决策程序暂行条例》第三条规定，决策机关可以根据本条第一款的规定，结合职责权限和本地实际，确定决策事项目录、标准，经同级党委同意后向社会公布，并根据实际情况调整。评估发现，仅有1家省级政府、12家较大的市政府、12家县（市、区）政府门户网站公开了2019年度重大行政决策事项目录，省、市、县三级政府公开率分别仅为3.23%、24.49%和9.60%，且县（市、区）政府的公开数量比2018年减少了4家，公开率下降了6.4个百分点。在已公开了2019年度重大决策事项目录的评估对象中，仅有3家较大的市政府和1家县（市、区）级政府公开的重大决策事项目录要素完整，列明了决策事项、承办部门、决策时间及是否听证等信息。

(2) 部分评估对象的决策草案未配发解读信息

评估发现，在33家公开了2019年度重大决策草案的国务院部门中，有30家未公开解读信息；15家公开了2019年度重大决策草案的省级政府中，有13家未公开解读信息；33家公开了2019年度重大决策草案的较大的市政府中，有31家未公开解读信息；51家公开了2019年度重大决策草案的县（市、区）政府中，有50家未公开解读信息。在这些公开草案解读信息的评估对象中，有的评估对象未在其门户网站内发布解读稿，而是通过新闻媒体或自媒体发布。

（3）个别评估对象未明确意见征集期限或意见征集期限较短

《重大行政决策程序暂行条例》第十五条规定，公开征求意见的期限一般不少于30日；因情况紧急等原因需要缩短期限的，公开征求意见时应当予以说明。评估发现，部分评估对象征集意见的通知中未明确征集意见的期限，涉及8家县（市、区）政府。例如江西省鹰潭市贵溪市只是在草案底部放置了发表评论的文本框，但是起始日期与截止日期均未明确。另外，还有个别评估对象存在征集期限较短的问题。例如，公安部、山东省个别决策草案的征集期限仅5个自然日，广西壮族自治区南宁市个别决策草案的征集期限仅4个自然日。

（4）对所征集意见的整体反馈情况公开质量有待提高

草案征集的整体情况包括征集到的意见数量及主要观点。部分评估对象对征集到的意见公开程度不够，缺少整体情况描述。评估发现，在33家公开了2019年度重大决策草案的国务院部门中，有26家未公开意见征集的整体情况；15家公开了2019年度重大决策草案的省级政府中，有7家未公开意见征集的整体情况；

33家公开了2019年度重大决策草案的较大的市政府中，有12家未公开意见征集的整体情况；51家公开了2019年度重大决策草案的县（市、区）政府中，有31家未公开意见征集的整体情况。部分评估对象只公开了收到意见数量，未公开所收集意见的整体情况及详细内容。

部分评估对象公开的信息显示，其全年所有意见征集大部分未收到公众反馈意见。例如宁夏回族自治区、安徽省淮南市、广西壮族自治区贵港市桂平市、广西壮族自治区玉林市博白县、辽宁沈阳市铁西区全年发布的征集意见草案基本均未征集到任何反馈意见，群众参与程度低，意见征集效果差。

（5）部分评估对象重大决策预公开栏目信息发布混乱

评估发现，有的评估对象虽然设置了决策预公开栏目，但是栏目中没有发布预公开草案信息，例如黑龙江省人民政府门户网站的意见征集栏目中，2019年度仅发布了2条开放式的民意征集公告和网络调查，没有针对特定的重大决策事项，发布决策草案征集意见。有的评估对象信息放置混乱不易查找，例如宁波市、深圳市重大行政决策事项目录仅在政府公报体现，未发布到对应栏目中。中国银行保险监督管理委员会有部分重大决策预公开信息放置在公告通知栏目下。石家庄市长安区的意见征集放在房屋征收栏目中，不便于查找。有的评估对象分别在不同栏目中发布征集信息，但内容不完全一致。例如安徽省六安市金寨县分别在"互动交流"和"信息公开"两个栏目发布预公开信息，但是两个栏目下的意见征集内容却不完全一致。山西省吕梁市柳林县意见征集栏目中发布的意见征集通知，全部为国家各部门发布的意见征集通知，无本级政府以及部门的意见征集通知。

（二）建议提案办理结果公开

各级政府办理人大代表建议和政协委员提案，是自觉接受人大及其常委会依法监督和政协民主监督的重要形式，也是法治政府建设的重要内容。做好建议和提案办理结果公开工作，对密切政府和人民群众的联系，增强人民群众获得感和建设人民满意的服务型政府，提高政府工作透明度，贯彻依法治国决策部署，加强法治政府建设具有重要意义。根据《国务院办公厅关于做好全国人大代表建议和全国政协委员提案办理结果公开工作的通知》，从2017年开始，各地区、各部门要进一步推动建议和提案办理复文全文公开。对于涉及公共利益、公众权益、社会关切及需要社会广泛知晓的建议和提案办理复文，原则上都应全文公开；对于经审查可以公开的建议和提案办理复文，应通过政府公报、政府网站、政务微博微信、新闻发布会以及报刊、广播、电视等便于公众知晓的方式进行主动公开，尤其是要发挥政府网站信息公开平台的重要作用，集中展示公开的建议和提案办理结果信息，方便公众查阅。

2019年度建议提案办理结果公开情况的评估指标主要包括政府门户网站是否设置专门栏目集中发布人大代表建议和政协委员提案办理结果，是否公开2019年人大代表建议、政协委员提案办理复文全文，是否公开本评估对象2019年办理建议提案总体情况。

1. 评估发现的亮点

（1）多数评估对象设置了建议提案办理相关专栏

评估发现，评估对象建议提案办理专栏设置的比例较高。有46家国务院部门、31家省级政府、49家较大的市政府和88家县（市、区）政府，在门户网站设置了建议提案办理专栏，占比分别达到93.88%、100%、100%、70.40%。例如民政部在其门户网站设置了【建议提案办理结果公开】栏目，并且在专栏下细分【建议提案办理情况】【人大代表建议答复摘要】【政协委员提案答复摘要】子栏目；应急管理部在其门户网站设置了【建议提案办理】栏目，细分【建议提案办理情况】【人大代表建议答复摘要】【政协委员提案答复摘要】子栏目，分类明确合理，便于群众查询。此外，部分地区还建立了人大代表建议或政协委员提案办理情况公开专题，细化公开内容。如湖北省武汉市开设的建议提案办理专题，集中公开全市所有部门的建议、提案答复信息，可分评估对象查看，还设置了专题内搜索的功能，便于群众查找。

（2）国务院部门、省级政府和较大的市政府人大代表建议提案办理复文全文公开的比例较高

评估发现，在所有被评估单位中，有39家国务院部门、24家省级政府和38家较大的市政府，公开了2019年人大代表建议办理复文全文，占比分别达到79.59%、77.42%和77.55%。有34家国务院部门、23家省级政府和38家较大的市政府，公开了2019年政协委员提案办理复文全文，占比分别达到69.38%、74.19%和77.55%。

2. 评估发现的问题

（1）部分国务院部门建议提案办理结果公开不全面

评估发现，部分国务院部门建议提案办理信息公开不全面。如国家中医药管理局、生态环境部、中国人民银行、应急管理部和国家体育总局等部门虽然在门户网站上设置了人大代表建议和政协委员提案办理结果的相关栏目，但栏目内并未发布2019年人大代表建议和政协委员提案办理的总体情况、办理复文全文等信息。中国民用航空局、国家税务总局、外交部、教育部等部门只公开了2019年人大代表建议办理复文全文，未公开2019年政协委员提案办理复文全文，也未公开本评估对象2019年度人大代表建议和政协委员提案办理的总体情况。建议完善建议提案办理的公开机制，提升建议提案办理的公开程度。

（2）县（市、区）政府建议提案办理复文信息公开比例不高

评估发现，有71家县（市、区）政府未公开2019年人大代表建议办理复文全文或摘要信息，比例高达56.80%。此外湖北省武汉市江岸区仅公开了人大代表建议办理复文摘要信息，未做到全文公开。有67家县（市、区）政府未公开2019年政协委员提案办理复文全文或摘要信息，比例高达53.60%。湖北武汉市江岸区和吉林农安县2家评估对象仅公开2019年政协委员提案办理复文摘要，未做到全文公开。

（3）建议提案办理总体情况公开不佳

评估发现，建议提案办理总体情况公开的比例较低，有46家国务院部门、22家省级政府、41家较大的市政府和111家县（市、区）政府，未公开本评估对象2019年度人大代表建议和政协委员提案办理总体情况信息，占比分别高达93.88%、70.97%、83.67%

和88.80%。在公开了总体办理情况的评估主体中，也普遍存在信息公开不规范的问题，如乌鲁木齐市建议、提案公开栏目中发布的12条信息，全部为各市政府工作部门建议、提案办理的简报信息，没有公开全市整体办理情况。

（三）权力清单公开

《中央编办法制办关于深入推进和完善地方各级政府工作部门权责清单制度的指导意见》要求推行地方各级政府工作部门权力清单制度，这是党中央、国务院部署的重要改革任务，是巩固和拓展"放管服"改革成果的有效手段，也是推进国家治理体系和治理能力现代化的重要基础性制度。2019年度，项目组继续评估各级政府部门公开本级政府权力清单及进行动态调整的情况，主要考察政府网站是否发布权力清单，权力清单内容是否根据新职能做了调整（1. 各级政府最新版清单中是否有医保局、退役军人事务局权力清单；2. 各级政府最新版清单中卫生健康委、应急管理局、生态环境局的评估对象名称及权力事项是否调整）。其中权力清单包含行政审批、行政处罚、行政强制、行政奖励、行政给付、行政确认、行政征收、行政裁决等清单。

1. 评估发现的亮点

（1）省、市、县三级政府权力清单公开情况较好

评估发现，有31家省级政府、45家较大的市政府、117家县（市、区）政府网站直接公开了近两年的权力清单或跳转到政务服务网显示的动态更新的权力清单栏目中，占比分别达到100%、91.84%和93.6%，省、市、县三级政府权力清单公开情况较好，公开率均达到了90%以上。各级政府政务服务网上发布的权力清单大多未注明发布时间，考虑其显示的权力清单是直接读取的系统后台数据，原则上政务服务网上的权力事项应与单个权力事项变动情况同步调整，因此此处测评过程中将政务服务网集中显示的权力清单默认为2019年最新版本。例如陕西省政府既在本级政府门户网站中"政策"栏目设置了"权责清单"专栏发布2019年权力清单，又在"陕西政务服务网"设有"事项清单"专栏发布相关信息，便于群众在不同渠道查阅。省、市、县三级政府权力清单公开情况与往年对比来看，省级政府权力清单公开率由96.77%上升至100%，较大的市政府权力清单公开率由2018年的95.90%下降至91.84%，县（市、区）政府的公开率由2018年的94.00%下降至93.60%，下降的原因一是与2018年相比，2019年进一步扩大了评估主体的范围，部分新纳入评估范围的县级主体公开意识还有待提升，二是受机构改革的影响，部分评估对象权力清单陈旧，又未能及时公开最新的权力清单，从而在整体上影响了权力清单的公开率，同时也有部分地区仅发布个别部门权力清单，不能算为当地政府完整的权力清单。

（2）权力清单设置专栏集中展示

除青海省政府门户网站中"政务公开"—"权责清单"专栏在测评周期内相关链接始终无法打开外，其余96.87%的省级政府均设置了相关专栏，集中展示了权力清单。其中部分省级政府既在其门户网站中设置了专栏，也在本省政府服务网中设置了专栏，同时发布权力清单，例如陕西省、北京市、天津市等。100%的较大的市政府及98.4%的县（市、区）政府也设置了相关专栏，各级政府对权力清单的集中展示情况较好，方便公众查询。

2. 评估发现的问题

（1）权力清单动态调整情况不理想

为适应各级政府机构改革职能划转和行政执法体制改革需要，进一步推进权责清单编制工作、完善清单制度体系，各级政府需及时开展权责清单动态调整工作。2019年，项目组根据部门新成立或名称变化的原则，重点考察了各级政府的医保局、退役军人事务局、卫生健康委、应急管理局、生态环境局的权力清单事项是否调整。评估发现，在31家省级政府、49家较大的市政府、125家县（市、区）政府中，有54%的评估对象仅调整了部分部门的权力清单，15%的评估对象相关部门权力清单均未做出调整，另有5家评估对象相关部门未发布权力清单。例如，山西省、黑龙江省、浙江省、湖北省、湖南省、广东省等省份权力清单中未包含新成立的医疗保障部门，广西壮族自治区、海南省等省份权力清单中未包含退役军人事务管理部门和医疗保障部门；吉林省长春市、内蒙古自治区呼和浩特市、新疆乌鲁木齐市水磨沟区、安徽黄山市徽州区等地方政府权力清单中，未包含退役军人事务管理、医疗保障、应急管理等新成立的部门，也未及时调整卫生健康、生态环境等部门的机构名称；青海省、甘肃省酒泉市肃州区、黑龙江省东宁市、黑龙江齐齐哈尔市龙沙区、吉林省农安县等地方政府未发布本级政府权力清单。

及时调整各部门权责事项，与部门实际权力运行情况保持一致，方不失编制权力清单的意义。但评估发现，有部分地区在本级政府门户网站和政府服务网中均发布了权力清单，但两处权力清单调整情况存在不一致的现象。如甘肃省在政府门户网站【政府工作部门权责清单】专栏中未包含退役军人事务管理部门和医疗保障部门的权力事项，但在甘肃政务服务网发布的相关部门权力清单包含了该信息；河南省洛阳市在门户网站【洛阳市市级行政权责清单】专栏中未包含退役军人事务管理、医疗保障、应急管理等部门的权力事项，但在河南政务服务网的【行政权力】栏目发布的清单中包含该信息。

（2）国务院部门权力清单公开情况不佳

国务院部门中，仅有4家公开了2019年完整的权力清单，公开率仅为8.16%，分别是国家林业和草原局、国家铁路局、国家药品监督管理局、国家税务总局。其中，国家林业和草原局、国家铁路局、国家药品监督管理局的权力清单相关栏目中，仅有"行政许可"一种权力事项清单，清单中的权力事项类型发布不全。有58%的评估对象仅设置了一种或几种权力事项类别的栏目，由于没有发布本部门的完整权力清单，无法判断栏目设置是否完整。如国家粮食和物资储备局仅设置了"行政许可、行政奖励"两类行政权力专栏，公安部仅设置了"行政许可事项服务"一类专栏。部分国务院部门相关权力事项更新不及时。例如，交通运输部仅有2017年行政处罚、行政检查、行政审批事项清单，水利部仅有2017年行政许可事项目录及清单。国务院部门应积极加强权力清单的动态梳理和更新发布工作，确保权力在阳光下运行。

（四）政务服务信息公开

国务院印发《进一步深化"互联网＋政务服务"推进政务服务"一网、一门、一次"改革实施方案》，要求以习近平新时代中国特色社会主义思想为指导，牢固树立和贯彻落实新发展理念，深化"放管服"改革，进一步推进"互联网＋政务服务"，加快构建全国一体化网上政务服务体系，推进跨层级、跨地域、跨系统、跨部门、跨业务的协同管理和服务，推动企业和群众办事线上"一网通办"（一网），线下"只进一扇门"（一门），现场办理"最多跑一次"（一次），让企业和群众到政府办事像"网购"一样方便。政务服务平台已成为提升政务服务水平的重要支撑，对推动政府治理现代化、深化"放管服"改革、优化营商环境、便利企业和群众办事创业发挥了重要作用。

对政务服务信息公开情况的评估主要考察政府门户网站公开政务服务事项目录、确需保留的证明事项清单、政务服务事项办事指南、行政审批结果的公开情况，其中对省、市、县（市、区）政府还考察了按个人全生命周期和企业全生命周期集中展示办事指南的情况。

1. 评估发现的亮点

（1）政务服务事项目录的公开情况较好

《关于加快推进"互联网+政务服务"工作的指导意见》明确要求，要依据法定职能全面梳理行政机关、公共企事业评估对象直接面向社会公众提供的具体办事服务指南，编制并公开政务服务事项目录。评估发现，43家国务院部门和所有的省、市、县（市、区）政府均公开了政务服务事项目录，其中与上一年度的评估结果相比，国务院部门的公开率由84.00%提高到87.76%，省、市、县（市、区）政府由74.19%、51.02%、57.00%全部提升到100%，首次实现了政务服务事项目录编制和公开比率省、市、县（市、区）全覆盖，全国范围内大力推进"互联网+政务服务"建设，各地网上政务服务大厅或服务分厅全部上线，取得了阶段性成效。

（2）多数评估对象集中展示"全生命周期"办事服务事项

《国务院办公厅关于印发2019年政务公开工作要点的通知》要求，推行市场主体和个人"全生命周期"的办事服务事项集成式、一站式公开。对"全生命周期"办事服务事项集中展示的评估，主要考察省、市、县三级政府通过专题、专栏、专门图解、指南汇编等方式集成展示情况，由于国务院部门办事事项与部门职责密切相关，无法覆盖市场主体或个人的全生命周期办事事项，因此不考察该项指标。评估发现，有26家省级政府、42家较大的市政府、125家县（市、区）政府能够集中展示市场主体（企业）"全生命周期"办事服务事项，占比分别为83.87%、85.71%、100%；有21家省级政府、35家较大的市政府、124家县（市、区）政府能够集中展示个人"全生命周期"办事服务事项，占比分别为67.74%、71.43%、99.20%，"全生命周期"的办事服务事项集成式展示程度较高。其中，部分评估对象对"全生命周期"的办事服务事项的归类科学、清晰，便于快速锁定，如北京市在法人全生命周期分类中，按照开办企业、申领资质、投资立项、扩大生产、引进人才、办理社保、申请专利、纳税缴费、申请贷款、申请破产、其他事项等11类事项分类展示，每个子类又可以分部门查阅；宁夏回族自治区对个人全生命周期办事服务事项，从生育收养到死亡殡葬，按照时间周期顺序细分29类集中展示，分类细致，查阅方便。

（3）部分评估对象服务事项归类清晰便于查阅

对在线服务事项进行科学归类、分类展示，有助于办事群众快速查找服务事项，减少网络检索的不便，提高群众网上办事效率、提升网上政务服务的满意度。评估发现，部分评估对象对各类服务事项进行了细化分类，如国家机关事务管理局按照服务部门、服务内容归类展示事项办理入口；农业农村部按【行政许可】【品种管理】【进出口服务】【鉴定认证】【其他事项】等栏目划分政务服务事项，在【行政许可】栏目下进一步细分【许可类别】【承办主体】等栏目，便于群众办事查询；民政部按社会团体、基金会等5类不同的办事主体细分板块，每类主体栏目板块下均按办事类型细分【成立登记】【变更登记】【章程核准】【注销登记】【其他】等栏目，栏目归类清晰；多数省、市、县三级政府能够按照个人办事、法人办事事项进一步细化事项分类，并提供按部门查询和按个人/法人办事事项查询功能。

（4）部分评估对象办事指南公开要素更细化、更便民

评估发现，部分评估对象在严格按照政务服务事项办事指南的内容要素进行公开的基础上，添加了更加详细和人性化的信息，如国家林业草原局、国家统计局、国家文物局、国家知识产权局、生态环境部、湖北省、贵州省、吉林省长春市、贵州省贵阳市、河北省唐山市等评估对象不仅有明确的办事地点，而且有交通指引，提供了乘车路线或地图导航链接；国家粮食和物资储备局、国家能源局、国家外汇管理局、国家药品监督管理局、国家广播电视总局、国家移民管理局、国家发展和改革委员会、人力资源和社会保障部、民政部等评估对象提供了常见问题解答、常见错误示例等功能，便于群众办事时参考阅读，集中解答群众办事疑惑，减少申请材料和申请表错误导致无法办理的情况，提升服务效能。

（5）部分评估对象梳理并公开了确需保留的证明事项

《国务院办公厅关于做好证明事项清理工作的通知》要求，要贯彻落实党中央、国务院关于减证便民、优化服务的部署要求，做好证明事项清理工作，切实做到没有法律法规规定的证明事项一律取消；各地区、各部门要对法律、行政法规设定的证明事项进行梳理，逐项提出取消或保留的建议。同时《国务院办公厅关于印发 2019 年政务公开工作要点的通知》要求，加大各类证明事项清理减并力度，对确需保留的证明事项实行清单管理并向社会公开。评估发现，有 7 家国务院部门、10 家省级政府、19 家较大的市政府、21 家县（市、区）政府梳理并公开了确需保留的证明事项清单，各级政府已陆续开展了相关清理工作，并公开了确需保留的证明事项清单。

2. 评估发现的问题

（1）个别评估对象仍未按要求梳理并公开政务服务事项目录

评估发现，国家中医药管理局、国家医疗保障局、国家民族事务委员会、国务院国有资产监督管理委员会等4家国务院部门未梳理并公开本部门政务服务事项目录。

（2）政务服务事项办事指南的公开程度较差

《慈善法》第十条规定，设立慈善组织，应当向县级以上人民政府民政部门申请登记，民政部门应当自受理申请之日起30日内作出决定。符合本法规定条件的，准予登记并向社会公告，本次评估抽查了慈善机构设立登记（不含慈善机构认定）办事指南，以此考察各省、市、县政府政务服务指南公开情况及公开质量。评估发现，仅有7家省级政府、10家较大的市政府、7家县（市、区）政府公开了慈善机构设立登记事项的办理指南，其余181家地方政府均未公开相关事项办理指南，这说明，目前各地政府梳理发布的政务服务事项目录仍不够精确，在线政务服务不能覆盖全部办事事项，给群众查阅信息，办理相关事项带来障碍。在公开了慈善机构设立登记事项办理指南的24家评估主体中，有1家未公开办事依据，占比4.17%，10家单位申报条件不够明确，存在"其他条件"等模糊性兜底条件，占比41.67%，1家单位存在兜底性材料要求，占比4.17%，8家单位未提供空白表格/格式文本，占比33.33%，12家单位未提供样表或填报说明/填写参照文本，占比50%，2家单位未提供办理地点或地点描述不明确，占比8.33%，服务指南公开质量有待提升。

（3）确需保留的证明事项清单公开率较低

《国务院办公厅关于做好证明事项清理工作的通知》要求，各地区、各部门自行设定的证明事项，最迟要于2018年年底前取消。按照该文件的时间进度要求，2019年各地区、各部门均应已完成自行设定的证明事项清理工作。然而，评估中各类主体确需保留的证明事项公开率均未超过50%，参与评估的国务院部门、省级政府、较大的市政府、县（市、区）政府的公开率分别仅为39.13%、32.26%、38.78%、16.80%。部分评估对象虽然已经公开了确需保留的证明事项清单，但还存在清单更新不及时，发布不规范的问题，如国家铁路局、中国人民银行等11家国务院部门只发布了2018年或2019年度确需保留的证明事项清单征求意见稿，未发布征求意见后定稿正式确定的清单；重庆、广西仅公开了全市（自治区）范围内村（社区）证明事项保留清单；河北省、河北省石家庄市、河南省郑州市、山东省济南市等地仅公开了2018年甚至2017年的清单，未公开2019年度最新的清理结果；山东省淄博市只公开了住房和城乡建设局的保留证明事项目录清单，四川省成都市仅公开了2017年市卫计委的保留证明事项目录清单，这些评估对象未能全面梳理并集中公开本地所有部门的证明事项目录清单，不利于集中清理、集中查阅、集中监管。

（五）"双随机"监管信息公开

《国务院办公厅关于推广随机抽查规范事中事后监管的通知》要求建立"双随机"抽查机制，严格限制监管部门自由裁量权。国务院办公厅印发《2019年政务公开工作要点》也要求持续加强"双随机、一公开"监管，检查结果及时通过政府门户网站和企业信用信息网向社会公开。

"双随机"监管信息公开主要考察有双随机监管职能的34家国务院部门网站是否设置双随机栏目、公开本部门随机抽查事项清单、清单内容、抽查结果和查处情况；31家省级政府、49家较大的市政府、125家县（市、区）政府网站是否有双随机专门或相关栏目、是否发布了随机抽查事项清单、随机抽查事项清单的内容是否完整（是否包含抽查依据、抽查主体、抽查内容、抽查方式）、是否发布了2019年做出的随机抽查结果和查处情况。其中，省、市、县（市、区）政府统一抽查环保部门随机抽查清单内容的抽查结果和查处情况。

1. 评估发现的亮点

（1）部分评估对象设置了"双随机"专栏

评估发现，34家国务院部门、31家省级政府、49家较大的市政府、125家县（市、区）政府评估对象中有96家政府门户网站集中设置了"双随机"专栏。例如，财政部在门户网站【放管服改革专栏】下设立了双随机—公开专栏，集中发布了随机抽查相关信息。门户网站发布了本部门随机抽查事项清单（包含抽查依据、抽查主体、抽查内容、抽查方式）；甘肃省人民政府门户网站设置了双随机相关栏目，在【省政府信息公开目录】—【重点领域信息公开】—【监管信息公开】公开了双随机抽查事项清单、双随机抽查结果、查处情况；安徽省黄山市徽州区人民政府门户网站设置了双随机—公开专栏，在【区政府信息公开目录】—【行政权力】栏目下设置了双随机—公开发布了双随机抽查信息。"双随机"专栏，集中展示了各部门随机抽查事项清单并公开"双随机"相关信息，方便公众查阅。

（2）部分地方政府发布随机抽查事项清单的部门数量较多

评估发现，部分地方政府在门户网站发布随机抽查事项清单的部门数量较多，公开情况较好。例如，贵州省39个部门发布了随机抽查事项清单；四川省38个部门发布了随机抽查事项清单；湖北省武汉市41个部门发布了随机抽查事项清单；内蒙古自治区呼和浩特市40个部门发布了随机抽查事项清单；山东省烟台市龙口市27个部门发布了随机抽查事项清单；浙江省金华市义乌市43个部门发布了随机抽查事项清单。

2. 评估发现的问题

（1）随机抽查事项清单内容不全

评估发现，部分评估对象公开的随机抽查事项清单未完全覆盖抽查依据、抽查主体、抽查内容、抽查方式等要素。在公开了随机抽查事项清单的22家国务院部门中，有2家的随机抽查事项清单中未包含抽查依据，6家未包含抽查主体，1家未包含抽查内容，7家未包含抽查方式。在所有已公开环保部门随机抽查事项清单的省、市、县三级评估对象中，有1家省级政府、1家较大的市政府、7家县（市、区）政府的随机抽查事项清单中未包含抽查依据，有2家省级政府、9家县（市、区）政府未包含抽查主体，有2家省级政府、3家县（市、区）政府的随机抽查事项清单中未包含抽查内容，有7家省级政府、9家较大的市政府、18家县（市、区）政府的随机抽查事项清单中未包含抽查方式。

（2）2019年随机抽查结果和查处情况公开不理想

评估发现，各评估对象的随机抽查结果和查处情况公开程度不高。25家国务院部门未在本部门门户网站、信用中国或国家企业信用信息公示系统发布本部门2019年的随机抽查结果和查处情况，28家省级政府、29家较大的市政府、75家县（市、区）政府未在政府门户网站、生态环境部门网站、信用中国或国家企业信用信息公示系统发布2019年生态环境部门的抽查结果和查处情况。

部分评估对象2019年度随机抽查结果和查处情况信息发布少，信息公开不及时。例如，江苏省南京市玄武区全年生态环境部门只公开了4月和7月的抽查结果，且抽查结果仅描述了抽查的基本情况（统计数字），未明确列出抽查对象、抽查主体、抽查事项、每个抽查主体的具体情况等详细信息；江苏省宿迁市沭阳县环保部门随机抽查结果、查处情况公布的信息比较少，时间不连续；辽宁省葫芦岛市建昌县抽查结果、查处情况只公布了第一季度和第二季度的相关信息。

（3）部分评估对象双随机相关信息查找不便

评估发现，部分评估对象随机抽查事项清单难以查找。例如，福建省福州市双随机一公开栏目下的信息没有细分化，栏目信息混乱。辽宁省鞍山市生态环境局2019年度随机抽查结果和查处情况信息发布是汇总统计表，每一项随机抽查结果和查处情况的信息内容不详细。

（六）行政执法统一公示平台建设

国务院办公厅印发《2019年政务公开工作要点》和《国务院办公厅关于全面推行行政执法公示制度执法全过程记录制度重大执法决定法制审核制度的指导意见》等文件分别对全面推进行政执法公示制度提出了要求，包括要按照"谁执法谁公示"原则，严格落实行政执法公示制度，规范行政执法行为；利用统一的执法信息公示平台，集中向社会依法公开行政执法职责、执法依据、执法程序、监督途径和执法结果等信息；探索建立群众意见反馈互动机制和执法信息公示平台管理维护机制，强化行政执法社会监督。2019年，项目组评估了各级政府部门公开本级政府行政执法平台的情况，主要考察31家省级政府、49家较大的市政府、125家县（市、区）政府网站是否设置行政执法平台统一公示执法信息。

1. 评估发现的亮点

部分评估对象行政执法平台公开情况较好，如广东省建设了覆盖省、市、县（市、区）、镇四级行政执法信息的【行政执法信息公示】平台，公示信息范围覆盖行政处罚、行政强制、行政检查、行政征收征用、行政许可等各类行政执法行为，平台中分为【行政执法信息事前公开】和【行政执法信息事后公开】两个子栏目，【事前公开】分为执法主体、执法事项、执法人员、执法流程、执法文书、政策法规、执法清单等事前应公开的信息板块，【事后公开】分为执法结果和年度数据板块。湖南省长沙市设置【行政执法公示】平台，专栏中分为【事前公示】和【事后公开】两个子栏目，【事前公示】分为行政执法职责、行政执法事项清单、行政执法依据与制度文件、行政执法人员信息、行政执法服务指南、行政执法行为流程图、行政执法文书样本、重大执法决定法治审核目录、随机抽查事项清单等板块，【事后公开】分为行政许可、行政处罚、行政监察三个板块，栏目内信息有序发布，便于查看。

2. 评估发现的问题

大多数部门行政执法平台建设情况不佳。评估发现，29家省级政府、43家较大的市政府和117家县（市、区）政府未按国务院文件要求设置符合规范的行政执法平台统一公示执法信息，占比高达93.55%、87.76%和93.60%。其中，部分省级政府已设有全省统一的双随机监管平台或双公示平台，但与《国务院办公厅关于全面推行行政执法公示制度执法全过程记录制度重大执法决定法制审核制度的指导意见》文件中的最新公示要求还有一定的差距。如江西省建设运行的江西省行政执法服务网，能够将全省各评估对象的双随机一公开信息集中在平台展示，但不能覆盖其他的行政执法类信息，仍有改进提升空间。

（七）行政处罚信息公开

做好行政处罚信息公开，促进严格规范公正文明执法，自觉接受社会监督，有利于规范行政执法，保障公民、法人和其他组织的合法权益。新修订的《中华人民共和国政府信息公开条例》中明确规定行政机关应主动公开本行政机关实施行政处罚、行政强制的依据、条件、程序以及本行政机关认为具有一定社会影响的行政处罚决定。《中共中央办公厅、国务院办公厅印发〈关于全面推进政务公开工作的意见〉的通知》以及《国家发展和改革委员会关于认真做好行政许可和行政处罚等信用信息公示工作的通知》等也对行政处罚信息公开有明确要求。据此，2019年项目组继续对行政处罚信息公开进行评估。行政处罚信息公开指标主要考察45家有行政处罚权的国务院部门、31

家省级政府、49家较大的市政府、125家县（市、区）政府门户网站、部门网站或企业信用信息网是否公开行政处罚事项清单，清单处罚依据是否明确，是否公开2019年行政处罚结果的情况，处罚结果要素是否完整。其中，就行政处罚结果公开指标，针对31家省级政府、49家较大的市政府、125家县（市、区）政府，抽取的是市场监督管理部门。

1. 评估发现的亮点

（1）各级政府行政处罚事项清单公开情况较好

按照要求，各地区各部门应结合"权力清单"和"责任清单"，按照"应归尽归、应示尽示"的要求，全面梳理编制本地区本部门行政许可和行政处罚事项目录，并动态更新。评估发现，绝大多数评估对象公开了行政处罚事项目录。31家省级政府、47家较大的市政府、116家县（市、区）政府网站集中公开了各部门的行政处罚事项目录，公开比例分别达到100%、95.92%和92.80%。其中27家省级政府、31家较大的市政府、63家县（市、区）政府单独公开了各部门的行政处罚事项目录，未包含在权力清单目录中，更加方便公众浏览和查询。

绝大多数评估对象公开的行政处罚事项清单依据明确。评估发现，在公开行政处罚事项清单的政府中，有29家省级政府、46家较大的市政府、102家县（市、区）政府的行政处罚事项清单依据明确，占比分别达到93.55%、97.88%、81.60%。

（2）各级政府市场监督管理部门行政处罚结果公开较好

公开行政处罚结果既是对行政机关行使行政处罚权的监督，也是在发挥政府信息对市场主体的规范和服务作用。评估发现，28家省级政府、43家较大的市政府、105家县（市、区）政府公开了2019年度处罚结果，公开率分别达到90.32%、87.76%和84.00%。

（3）设置专栏公开行政处罚结果

部分评估对象设置专门栏目集中公开行政处罚结果。例如，国家统计局、国家税务总局、生态环境部、交通运输部、民政部、国家知识产权局、国家市场监督管理总局等将处罚结果公开在门户网站相应栏目。其中，国家统计局设置"行政处罚信息公示"栏目集中公开了该部门的行政处罚信息，每条信息以被处罚者名称命名，以表格形式列出处罚的重点内容，公开要素全面，清楚明晰。甘肃省人民政府在其信息公开栏目中设置了"行政处罚信息"专栏，专栏分为处罚事项目录与依据和8个省重点部门行政处罚结果公示，其中"处罚事项目录与依据"点击后可直接跳转到甘肃政务服务网，里面公布了甘肃省各个部门的处罚事项目录与依据，8个省重点部门"行政处罚结果公示"可直接链接到相关部门网站的行政处罚栏目，供群众分部门查询行政处罚结果，清楚明确，内容全面。安徽省六安市金寨县设置了行政处罚专栏，处罚结果按处罚类别按月发布，便于查看。

2. 评估发现的问题

（1）国务院部门行政处罚信息公开情况较差

评估发现，参与评估的45家国务院部门中，有91.11%未公开行政处罚事项清单，82.22%未公开2019年行政处罚结果。仅税务总局、交通运输部、民政部、水利部4家部门公开了行政处罚事项清单；仅8家部门公开了2019年行政处罚结果，其中部分评估对象处罚结果内容要素公开不完整，有4家部门未公布被处罚者机构代码，1家部门未公开主要违法事实、处罚依据，3家部门行政处罚信息未在作出行政决定之日起7个工作日内上网公开，2家部门无法判断行政处罚信息上网时间。

（2）部分政府评估对象行政处罚结果内容要素不完整

评估发现，部分评估对象公开的2019年行政处罚结果缺少被处罚机构代码、主要违法事实、处罚依据、处罚结果等要素，部分评估对象公开处罚结果不及时。在公开2019年行政处罚结果的28家省级政府、43家较大的市政府、105家县（市、区）政府中，有6家县（市、区）政府未公开被处罚者信息，11家省级政府、15家较大的市政府、8家县（市、区）政府公开的被处罚者信息未列明其机构代码；有1家县（市、区）政府未公开主要违法事实；有2家较大的市政府、4家县（市、区）政府未公开处罚依据；有1家较大的市政府、8家县（市、区）政府未公开处罚结果；有4家省级政府、15家较大的市政府、54家县（市、区）政府未在作出行政决定之日起7个工作日内上网公开行政处罚信息，另有1家省级政府、2家较大的市政府、9家县（市、区）政府无法判断其行政处罚信息上网日期。

（3）**部分评估对象全年行政处罚结果公开数量较少**

评估发现，部分评估对象全年公布的行政处罚信息量较少。例如，甘肃省市场管理部门2019年仅发布了4条处罚信息；贵州省市场监督管理部门2019年仅发布了1条处罚信息；北京市2019年仅发布了2条处罚信息，行政处罚栏目下集中公布的是北京市各区的处罚信息。行政处罚信息数量也侧面反映了行政处罚机关规范化行使行政处罚权的情况，若行政处罚机关勤于执法，但确无可处罚事件，则应以适当方式进行说明。

（4）**部分评估对象未常态化公开行政处罚结果**

评估发现，部分评估对象公开的行政处罚信息时间间隔过久。例如，四川省市场监督管理局处罚信息长期不更新，网站相关栏目最新公布的行政处罚信息都是2019年2月的信息，信息滞后半年以上；河北省市场监督监督管理部门2019年度只在10月发布了处罚信息，信息未能常态化维护更新，没有形成行政处罚结果公开的常态化机制；重庆奉节县2019年2月之后也未再公开行政处罚信息。

（5）部分评估对象行政处罚结果过度披露当事人个人信息

评估发现，部分评估对象公开的2019年行政处罚结果未注意对个人隐私信息进行处理，过度披露当事人个人身份信息。如山东烟台市龙口市披露了当事人完整的个人身份证号等身份信息；新疆乌鲁木齐天山区披露了完整的个人身份证号、联系方式等信息。这不符合《国家发展和改革委员会关于认真做好行政许可和行政处罚等信用信息公示工作的通知》等文件中的要求。

（6）部分地区处罚信息机构名称不规范

评估发现，部分地区的市场监督管理部门处罚信息中的处罚机构或处罚机关名称不规范，仍为机构改革前的名称。例如，山东省在"临沂益瑞中药饮片有限公司"行政处罚信息中标明处罚机关为山东省药品监督管理局；国家企业信用信息公示系统（四川）的行政处罚公告栏目中，2019年公开的行政处罚结果信息中均标明处罚机关为四川省工商行政管理局。

（八）审计结果公开

《国务院关于加强审计工作的意见》中明确要求，深化审计结果公开，做好党中央、国务院重大政策措施落实情况跟踪审计结果公开，尤其要加大问题典型和整改公开力度，促进政策落地生根；加强审计机关审计计划的统筹协调，优化审计资源配置，开展好涉及全局的重大项目审计。因此，项目组评估了31家省级政府门户网站、49家较大的市政府门户网站、125家县（市、区）门户网站及其审计部门门户网站公开审计信息的情况。本次评估的内容包括：（1）2019年审计计划，包括财政审计、专项审计相关计划安排；（2）2018年本级政府预算执行情况和其他财政收支审计结果公告，包括基本情况、审计发现的主要问题、审计意见建议、整改情况；（3）2019年专项审计报告，包括基本情况、审计发现的主要问题；（4）2019年政府重大政策措施落实情况跟踪审计报告，包括基本情况、审计发现的主要问题。

1. 评估发现的亮点

（1）审计信息相关栏目设置情况较好

评估发现，有 27 家省级政府设置了专门栏目集中发布审计信息。例如，广东省审计厅信息公开目录设置了【审计公告、报告及解读】栏目集中公开了广东省各项审计信息的公告及相关报告解读信息；江西省审计厅信息公开目录设置了【审计结果公告】栏目集中公开了江西省各项审计的结果公告，其中包括"2019 年 13 个国外贷援款项目审计报告及整改情况"，并全文发布每个项目的完整审计报告。此外，国家审计署网站开设了【地方公告及解读】栏目，集中公开各省预算执行情况和其他财政收支审计结果报告及相关解读信息，便于公众查找阅读。例如，西藏自治区在国家审计署网站发布了向人大报告的《关于 2018 年度西藏自治区本级预算执行和其他财政收支的审计工作报告》，但未在自治区政府网站或审计厅网站发布审计结果公告。

（2）省级政府审计结果报告公开情况较好

评估发现，30 家省级政府公开了 2018 年度本级预算执行情况和其他财政收支审计结果公告，公开率达到 96.77%；24 家省级政府公开了 2019 年专项审计报告，公开率达到 77.42%。

(3) 部分评估对象政府审计信息公开较为全面

评估发现，公开 2018 年本级财政审计报告的 30 家省级政府、31 家较大的市政府、21 家县（市、区）政府中，98.78% 的评估对象的审计报告内包含了基本情况和审计发现的主要问题，92.68% 的评估对象的报告包含了审计意见建议，62.2% 的评估对象的报告中包含了问题整改情况。公开 2019 年专项审计报告的 24 家省级政府、17 家较大的市政府、22 家县（市、区）政府中，98.41% 的评估对象的审计报告内包含了基本情况，所有评估对象的报告中包含了审计发现的主要问题，个别政府发布的 2019 年专项审计报告中还包括了审计的意见建议和问题的整改情况，如四川、北京、湖北等。

2. 评估发现的问题

(1) 审计计划信息公开率较低

评估发现，2019 年度财政审计计划和专项审计计划公开率较低。其中 23 家省级政府、35 家较大的市政府、92 家县（市、区）政府均未公开上述两项信息，分别占 74.19%、71.43% 和 73.60%。

(2) 部分地方政府审计信息公开程度有待提升

第一，部分评估对象未公开 2018 年本级财政审计报告。评估发现，1 家省级政府、18 家较大的市政府、

104家县（市、区）政府的审计机关未公开2018年本级预算执行情况和其他财政收支审计结果公告，分别占3.23%、36.73%和83.20%，相较而言，县（市、区）政府审计结果公开情况最差。部分政府审计信息公告栏目中，往往会将审计署的审计报告放在自身网站中，但本级审计信息发布较少甚至不发。如湖北省武汉市审计局部门网站开设的审计结果公告栏目中，2019年所发布的5条信息全部为转发国家审计署发布的重大政策措施落实情况跟踪审计相关信息，没有发布本地的财政审计、专项审计、政策措施落实情况跟踪审计等信息。

第二，部分评估对象未公开单独的专项审计报告。评估发现，7家省级政府，32家较大的市政府，103家县（市、区）政府的审计机关未单独公开2019年专项审计结果报告。省级政府、较大的市政府、县（市、区）政府的审计机关公开2019年专项审计报告的比例分别为77.42%、34.69%和17.60%，公开率随着政府层级的降低而相应降低。部分政府虽发布了专项审计报告，但存在报告发布相对较少的情况，如安徽省政府信息公开平台审计结果公开栏目中，除了财政审计结果公告和重大政策措施落实情况跟踪审计结果报告外，仅仅公开了5份专项审计结果，而该省列入2019年审计计划的项目数量为25个。

(3) 重大政策措施落实情况跟踪审计报告公开情况不佳

评估发现，2019年各级政府重大政策措施落实情况跟踪审计报告公开率较低。其中26家省级政府、47家较大的市政府和118家县（市、区）政府未公开重大政策措施落实情况跟踪审计结果，分别占83.87%、95.92%和94.40%。而辽宁、吉林和湖南等省份是按季度公开2019年政府重大政策措施落实情况跟踪审计报告，内容包含基本情况、审计发现的主要问题、问题的整改情况，有助于全面接受群众监督，可资借鉴。

(4) 部分政府网站公开审计信息不规范

评估发现，部分评估对象存在审计信息公开不规范现象，未设置专门栏目集中发布审计信息，将审计信息发布在规划计划、重点领域、信息公开、政务公告、政府重点工作、通知公告等栏目中，栏目功能定位混乱，信息查找不便。例如，山东省济南市审计厅信息公开目录设置了【发展规划】栏目，将审计结果公告、部门工作动态、重大项目建设情况等各类信息全部放置在一起；辽宁省沈阳市审计局将审计计划、审计报告等信息发布在政务公开重点工作栏目下，与信息公开指南、信息公开工作年度报告、内设机构、负责人信息、人大代表建议等各类信息杂糅在一起，信息杂乱无章，难以查找。

（九）法治政府建设年度报告

中共中央办公厅、国务院办公厅印发的《法治政府建设与责任落实督察工作规定》要求，每年4月1日之前，各省（自治区、直辖市）党委和政府、国务院各部门应当向党中央、国务院报告上一年度法治政府建设情况；地方各级政府和县级以上政府部门的法治政府建设年度报告，除涉及党和国家秘密的，应当通过报刊、网站等新闻媒体向社会公开，接受人民群众监督。2019年度，项目组继续评估各级政府部门公开本级政府法治政府建设年度报告的公开情况，评估内容包括2018年法治政府建设年度报告发布情况、发布时间、发布平台、是否设置专栏发布年度报告、是否披露2018年法治政府建设工作存在的问题、是否披露2019年法治政府建设的重点与方向（如改进措施、下一步工作打算等）。

1. 评估发现的亮点
（1）省级、较大的市政府发布法治政府建设年度报告情况较好

法治政府建设年度报告不仅要编写、报送有关部门审核，更要在排除涉密事项后对社会发布，其目的是向社会展示上一年度的法治政府建设进展,接受公众监督。评估发现,分别有31家省级政府、43家较大的市政府发布了2018年度法治政府建设年度报告,公开率达到100%、87.76%。

(2) 部分评估对象设置了法治政府信息公开专栏

编制和发布法治政府建设年度报告是各级政府的年度性工作,历年的法治政府建设年度报告连续发布,有助于对其法治政府建设情况进行纵向比较分析。为了便于集中展示历年年度报告,方便公众查询,有必要在门户网站设置专门栏目。评估发现,有3家国务院部门、3家省级政府、5家较大的市政府、5家县(市、区)政府在本级政府门户网站上设置了专栏,1家国务院部门、1家省级政府、4家较大的市政府在本级政府司法行政部门网站设置专栏,如湖北省政府门户网站在"信息公开目录"栏目下设置了"法治政府建设"专栏,安徽省政府门户网站在"省政府信息公开目录"下设置了"法治政府"专栏。江苏省司法厅网站则在"依法治省"栏目下设置"法治政府"子栏目,集中发布省本级及各地市历年的年度报告。

(3) 部分评估对象年度报告内容全面、翔实

法治政府建设涉及方方面面内容,法治政府建设年度报告应对上一年度各方面情况进行梳理、总结和分析,以全面展示本地区本部门的法治政府建设成效与面临的问题，否则挂一漏万，会令公众无从知晓所遗漏事项的进展情况，也会给人未开展有关工作的印象。评估发现，部分评估对象的年度报告内容紧扣《法治政府建设实施纲要（2015—2020年）》所列的法治政府建设各项任务，逐一分类描述上一年度的法治政府建设所开展的工作、取得的成效。有7家国务院部门、20家省级政府、31家较大的市政府、36家县（市、区）政府发布的年度报告披露了2018年法治政府建设存在的问题，19家国务院部门、23家省级政府、36家较大的市政府、36家县（市、区）政府发布的年度报告披露了2019年法治政府建设的重点与方向。如司法部公开的2018年法治政府建设年度报告中，先用多项数据描述了2018年部门的九大工作成效，根据现实基础总结了司法部在推进法治政府建设上面临的一些困难和挑战，最后据此做出六大工作打算以纵深推进法治政府建设。类似这样的报告方式内容翔实度、可信度较高，也反映出相关评估对象的法治政府建设实效。

2. 评估发现的问题

（1）国务院部门、县（市、区）政府发布法治政府建设年度报告情况不理想

评估发现，部分国务院部门和县（市、区）政府未公开上年度法治政府建设年度报告。有26家国务院部门、77家县（市、区）政府均未在其门户网站或其政府法制部门网站公开2018年度法治政府建设年度报告，其中个别评估对象发布了年度报告，但报告网页打不开，无法考察内容，如吉林省长春市南关区。

（2）部分评估对象报告发布不及时

按照《法治政府建设实施纲要（2015—2020年）》要求，各级政府及其部门应在每年4月1日前制作完成报告，毫无疑问，按时对社会发布该年度报告是各级政府及其部门必须做到的。但评估发现，仅有5家国务院部门、4家省级政府、28家较大的市政府、34家县（市、区）政府在4月1日前对外发布了本地区的法治政府建设情况报告。

（3）发布平台不够统一

规范且按照相对统一的平台发布年度报告，有助于提升查询报告的便利程度，持续发布并接受公众的监督，有助于纵向比较法治政府得失。为了便于公众查询到年度报告，理应规范其发布平台。但年度报告的发布平台普遍较为混乱。部分评估对象未在本级政府门户网站发布年度报告。法治政府建设年度报告是一级政府上一年度法治政府建设的总结，理应通过该级政府门户网站对外发布。但除未发布年度报告的评估对象外，有1家国务院部门、4家较大的市政府、14

家县（市、区）政府既未在本级政府门户网站发布，也未在本级政府司法行政部门网站发布报告，项目组通过百度搜索发现在其他平台发布；还有1家省级政府、8家较大的市政府、3家县（市、区）政府仅通过本级政府司法行政部门网站发布报告，未在本级政府门户网站发布。此外，也有部分评估对象如宁夏、贵州等地，既在本级政府门户网站发布，也在本级政府司法行政部门网站发布，方便群众查看。

（4）部分评估对象的报告内容不够全面

《法治政府建设与责任落实督察工作规定》要求，法治政府建设年度报告应该包括上一年度推进法治政府建设存在的不足和原因，以及下一年度推进法治政府建设的主要安排，总结不足和原因有助于督促各级政府部门反思并改进，进而总结教训并安排下一年工作计划。

评估发现，在发布了2018年度法治政府建设情况报告的评估对象中，有19家国务院部门、11家省级政府、12家较大的市政府、12家县（市、区）政府未公开披露2018年法治政府建设存在的问题。个别评估对象虽披露了2018年法治政府建设存在的问题，但不够细致。如北京市、河南省发布的问题过于简单、空泛，广西壮族自治区发布的问题较为笼统。

评估也发现，在发布了2018年度法治政府建设情况报告的评估对象中，有7家国务院部门、8家省级政府、7家较大的市政府、12家县（市、区）政府未公开披露2019年法治政府建设的重点与方向，个别评估对象虽披露工作计划，但不够细致。如江苏省、陕西省、河南省、湖南省发布的下一年工作规划过于简单、空泛。

（5）部分评估对象报告名称不规范

法治政府建设年度报告应使用规范、统一的名称，以提升报告的严肃性和辨识度。评估发现，部分评估对象所采用的年度报告的名称不规范。《法治政府建设实施纲要（2015—2020年）》及《法治政府建设与责任落实督察工作规定》使用了"法治政府建设年度报告"的表述，但评估发现，个别评估对象未使用规范的名称，如贵州省发布的报告名称为"贵州省2018年度法治政府建设工作综述"。

（十）规范性文件公开

规范性文件的清理和备案是有效监督行政机关依法行政的渠道之一。《国务院办公厅关于加强行政规范性文件制定和监督管理工作的通知》要求，及时公开发布规范性文件，且健全行政规范性文件动态清理工作机制，根据全面深化改革、全面依法治国要求和经济社会发展需要，以及上位法和上级文件制定、修改、废止情况，及时对本地区、本部门行政规范性文件进行清理。

本次评估对除国务院行政法规、决定、命令以及部门规章和地方政府规章外的规范性文件的清理、备案情况和规范性文件有效性标注情况进行了观测。评估对象包括49家国务院部门、31家省级政府、49家较大的市政府、125家县（市、区）政府门户网站或其政府法制部门网站是否公开2019年规范性文件备案信息（国务院部门除外），近三年规范性文件清理信息（以2019年为起算点），以及是否对已公开的规范性文件进行有效性标注。

1. 评估发现的亮点

（1）政府规范性文件清理结果情况较好

及时对本部门的规范性文件进行清理，是从源头上规范行政管理和执法依据的重要措施，对增强政府公信力、建设公众满意的服务型政府具有十分重要的作用。评估发现，发布了规范性文件清理结果信息的有以下三种情况：第一，发布了现行有效规范性文件列表；第二，在信息公开栏目中列明单个文件的修改废止情况；第三，在栏目中设置了有效规范性文件栏目和修改废止文件栏目，通过分设栏目来发布规范性文件清理结果。

评估显示，31家国务院部门、26家省级政府、42家较大的市政府、68家县（市、区）政府门户网站或其政府法制部门网站发布了近3年本机关或者本级政府的规范性文件清理信息。其中，发布了2019年规范性文件清理信息的有16家国务院部门、21家省级政府、28家较大的市政府、38家县（市、区）政府。部分评估对象设置了规范性文件清理栏目，例如，哈尔滨市松北区政府门户网站设置了【已废止文件】栏目；郑州市人民政府门户网站设置了【规范性文件清理结果】栏目；上海市普陀区政府门户网站设置了【备案信息】和【清理信息】；海南省政府门户网站设有【废止文件】栏目，集中发布废止的文件。

（2）部分评估对象标注了规范性文件的有效性

评估发现，对规范性文件进行有效性标注有以下几种情况。第一，在文件中直接标注文件有效。例如，广西壮族自治区人民政府发布的规范性文件，在文件"是否有效"的效力状态中，直接标注"有效"。第二，在文件中标注该文件于某年某月某日废止或失效。例如，国家税务总局在文件中标注了文件何时失效。第三，在文件中标注该文件有效期限。例如，邯郸市人民政府发布的规范性文件中"自发布之日起实施，有效期两年"。第四，设置文件有效性栏目，栏目集中发布文件的有效和废止情况。例如，上海市徐汇区政府门户网站设置的【规范性文件】中设置了【文件有效性】栏目，对栏目中的文件进行有效性标注。

评估显示，12家国务院部门、14家省级政府、26家较大的市政府、50家县（市、区）政府的政府门户网站政府信息公开目录、规范性文件栏目所公开的规范性文件标注了有效性或有效期。其中，部分规范性文件标注了有效性的有2家国务院部门、2家省级政府、3家较大的市政府、8家县（市、区）政府。

（3）部分评估对象定期公开规范性文件备案信息

评估发现，规范性文件备案分为以下几种备案形式。第一，按月备案，即每月都对规范性文件进行备案审查，如北京市、海南省、广西壮族自治区南宁市、辽宁省葫芦岛市建昌县等。第二，按季度备案，即每个季度都对规范性文件进行备案审查，如海南省海口市、山东省淄博市、黑龙江省齐齐哈尔市龙沙区、安徽省六安市金寨县、安徽省宿州市灵璧县、山东省威海市荣成市、浙江省宁波市江北区、山东省青岛市、江西省南昌市、黑龙江省哈尔滨市、山东省济南市、黑龙江省、河南省。第三，每半年对规范性文件进行一次备案审查，如宁夏回族自治区银川市。第四，按年备案，即每年对规范性文件进行一次备案审查，多数评估对象是按年备案。

此外，部分评估对象不定期发布备案信息。例如，安徽省淮南市发布的是1—4月规范性文件备案信息和4—10月规范性文件备案信息；广东省设有备案查询栏目，不定期发布规范性文件备案信息；大连市不定期对规范性文件进行备案。

评估显示，8家省级政府、11家较大的市政府、10家县（市、区）政府的政府门户网站及其政府法制部门网站公开了2019年的规范性文件备案审查信息。其中，齐齐哈尔市龙沙区规范性文件备案目录中要素比较齐全，目录包括规范性文件名称、备案文号、发文字号、文件属性、备案报告、起草说明、文件制定依据、发文日期、报送部门、是否按时报备等要素。上海市普陀区政府规范性文件备案信息包括序号、文件名称、文件编号、制定时间、生效时间、有效期至、备案结果、备案文号、起草单位等信息。

2. 评估发现的问题

（1）仍有部分评估对象未发布规范性文件清理结果信息

根据《国务院办公厅关于加强行政规范性文件制定和监督管理工作的通知》针对当前机构改革，强调要协调做好政府机构改革过程中行政规范性文件清理和实施的衔接工作，新组建或者职责调整的部门要对本部门负责实施的行政规范性文件进行清理。而评估发现，18家国务院部门、5家省级政府、7家较大的市政府、57家县（市、区）政府未发布规范性文件清理结果信息。

（2）大多数评估对象的规范性文件仍未进行有效性标注

完善行政规范性文件制发管理制度，充分发挥政府督查机制作用。规范性文件有效性标注是行政规范性文件制发管理过程中不可或缺的步骤，是规范性文件备案审查工作衔接的环节，能够保证文件制发工作规范有序进行。评估显示，37家国务院部门、17家省级政府、23家较大的市政府、75家县（市、区）政府发布的规范性文件未标注有效性。仅仅在文件中表述"自公布之日起执行"或"自公布之日起施行"，没有说明文件失效时间的，不认定是对规范性文件作了有效性标注。此外，有3家国务院部门和2家县（市、区）政府未在2019年发布规范性文件。

（3）规范性文件备案审查信息发布情况有待改善

行政机关要按照规定程序和时限，及时将行政规范性文件报送有关机关备案，主动接受监督，要做到有件必备、有备必审、有错必纠。在规范性文件备案审查过程中，及时发现并依法纠正违宪违法的规范性文件，以防止权力滥用，保障人民群众权益不受侵犯，实现规范性文件有备必审。评估显示，23家省级政府、38家较大的市政府、113家县（市、区）政府未发布2019年规范性文件备案审查信息。

(4) 部分栏目未充分发挥设置功能

甘肃省兰州市政府门户网站在【信息公开】—【规范性文件】栏目中，设置了【规范性文件备案信息】和【规范性文件清理信息】栏目，但【规范性文件备案信息】未发布2019年兰州市政府规范性文件备案信息，并且栏目中发布的内容杂乱，与规范性文件备案信息无关的信息也发布在该栏目中。湖北省荆州市监利县政府门户网站设置的规范性文件栏目中未发布规范性文件信息。

（十一）地方政府债务领域信息公开

中共中央办公厅、国务院办公厅《关于进一步推进预算公开工作的意见》要求，增强地方政府债务信息透明度，自觉接受监督，能更好地防范地方政府债务风险。国务院办公厅印发的《2019年政务公开工作要点》要求，推进全国统一的地方政府债务信息公开平台建设，由地方政府定期公开其债务限额、余额、债务率、偿债率以及经济财政状况、债券发行、存续期管理等信息。财政部印发的《地方政府债务信息公开办法（试行）》规定，地方政府债务信息包括预决算公开范围的地方政府债务限额、余额等信息以及预决算公开范围之外的地方政府债券发行、存续期、重大事项等相关信息。

2019年度，项目组评估了31家省级政府门户网站、49家较大的市政府门户网站、125家县（市、区）政府门户网站及其财政部门门户网站公开2018年政府债务的情况。其主要包括：各类债务信息是否集中公开，是否公开了2018年政府债务的债务限额、债务余额、债务率、偿债率、债务种类（如专项债务、一般债务）、债务期限结构、债务资金使用情况等。

1. 评估发现的亮点

（1）部分评估对象政府债务集中公开情况较好

评估发现，除西藏自治区日喀则市南木林县等3家政府未公开2018年本级政府债务信息和山西省太原市万柏林区等6家评估对象2018年无政府债务外，剩余196家政府中有97家评估对象的政府债务信息做到了集中发布，方便公众查找，占比接近50%。例如，湖北、湖南、海南等省份设置了政府债务专题，集中发布每项债务发生情况；甘肃、青海等省设置政府债务信息专栏，不仅公开了省本级的政府债务信息，还用一张表汇总公开全省所有市、县债务限额、债务余额等情况。

（2）债务限额、债务余额、债务结构信息公开率较高

除2018年无政府债务发生的6家评估对象外，共175家评估对象公开了债务限额，总体占比达87.93%，其中，省级政府、较大的市政府和县（市、区）政府分别为28家、47家和100家，分别占90.32%、95.92%和84.03%。共180家评估对象公开了债务余额，总体占比90.45%，其中，省级政府、较大的市政府和县（市、区）政府分别为30家、47家和103家，占比分别达到96.77%、95.92%和86.55%。共179家评估对象公开了债务种类，总体占比89.95%，其中，省级政府、较大的市政府和县（市、区）政府分别为30家、48家和101家，占比分别达到96.77%、97.96%和84.87%。

（3）部分评估对象在预决算公开报告中集中公开政府债务信息

部分评估对象在预决算公开报告中集中公开了债务限额、债务余额、债务种类、债务使用情况、债务偿还情况等信息，如宁夏回族自治区在2018年度政府决算报表公开时，集中公开了38张分项表格，与政府债务相关的表格包括《2018年全区政府一般债务限额和余额情况表》《2018年自治区本级一般债务限额和余额情况表》《2018年各市县政府一般债务限额和余额情况表》《2018年政府一般债务分地区余额表》

《2018年新增一般政府债券项目安排情况表》《2018年全区政府专项债务限额和余额情况表》《2018年自治区本级政府专项债务限额和余额情况表》《2018年各市县政府专项债务限额和余额情况表》《2018年政府专项债务分地区余额表》《2018年新增专项政府债券项目安排情况表》等10张分项表格，信息发布翔实，便于群众集中查找。

（4）个别评估对象政府债务使用情况公开较好

个别评估对象在公开政府债务使用情况信息时，能够细化到具体使用的项目，逐个项目列出基本情况及使用的具体债务额度，账目清晰规范，有利于对使用政府债务的项目进行监管。如石家庄市在《石家庄市2018年市本级和全市财政总决算报表》的附表《2018年石家庄市本级新增地方政府债券使用情况表》中逐个项目公开了政府债务分配使用到项目的情况，涵盖176个不同项目，并明确列出项目名称、所属领域、主管部门、实施评估对象、债券性质、发行时间等信息，内容详尽规范，便于查阅。

2. 评估发现的问题

（1）政府债务的债务率、偿债率和债务期限结构信息公开率较低

除2018年无政府债务发生的6家评估对象外，共有175家评估对象未公开2018年度的债务率，总体占比高达87.94%，其中省级政府、较大的市政府和县（市、区）政府分别为21家、42家和112家，占比67.74%、85.71%和94.12%。有196家评估对象未公开2018度政府债务的偿债率，总体占比98.49%，其中省级政府、较大的市政府和县（市、区）政府分别为30家、49家和117家，占比96.77%、100%和98.32%。有153家评估对象未公开债务期限结构，总体占比76.88%，其中省级政府、较大的市政府和县（市、区）政府分别为21家、33家和99家，占比67.74%、67.35%和83.19%。债务率可以反映一个地区的债务违约风险，偿债率可以衡量一个地区的偿债能力，建议各级政府在已有的数据基础上增加公开内容，建立"政府性债务风险预警机制"，公开"债务率"和"偿债率"，并设定警戒线，给政府性债务戴上"紧箍咒"。债务期限结构可以衡量政府短中长期债务资金的构成和相互之间的比例关系，及时公开地方政府债务期限结构，方便各地根据项目资金状况、市场需求等因素实行动态调节，合理安排债券期限结构。总体看来，大部分政府未合理分析地方政府债务数据，债务信息公开不够细致。

（2）政府债务资金使用情况的公开有待加强

财政部印发的《地方政府债务信息公开办法（试

行）》中要求，县级以上地方各级财政部门（以下简称"地方各级财政部门"）应当随同预决算公开地方政府债务限额、余额、使用安排及还本付息等信息；随同调整预算公开当年本地区及本级地方政府债务限额、本级新增地方政府债券资金使用安排等；随同决算公开上年末本地区、本级及所属地区地方政府债务限额、余额决算数，地方政府债券发行、还本付息决算数，以及债券资金使用安排等。披露政府债务的使用情况，有利于规范地方政府的债务管理，充分发挥对政府债务的公众监督作用，提升政府债务资金的使用效益。评估发现，除6家没有发生政府债务的评估对象外，共有84家评估对象未公开2018年本级政府债务具体使用情况信息，总体占比42.21%，其中有13家省级政府、10家较大的市政府和61家县（市、区）政府，分别占比41.94%、20.41%和51.26%。建议各级政府及时完善债务管理制度，适时公开债务资金使用情况，能更好地防范风险、规范管理、接受监督，提高资金使用效益。

（十二）义务教育领域信息公开

全面推进义务教育领域信息公开是深化校务公开、促进依法治教、保障教育公平、提高管理水平的重要举措。做好中小学的信息公开工作，关系到中小学的教育教学质量和管理水平，关系到人民群众对教育工作的满意度，关系到教育系统信息公开工作的整体成效。因此，项目组依据《教育部办公厅关于全面推进政务公开工作的实施意见》《教育部办公厅关于做好2019年普通中小学招生入学工作的通知》《义务教育领域基层政务公开标准指引》等文件要求，对125家县（市、区）政府的义务教育信息公开情况进行了评估。

2019年度的评估内容包括当地的义务教育招生入学政策、义务教育阶段入学政策咨询电话、2019年义务教育招生范围、2019年义务教育招生条件、2019年义务教育招生结果中心学校情况及学校招生简章。主要评估各县（市、区）政府门户网站、同级教育行政部门或者招生考试主管部门网站以及上一级教育行政部门网站评估有关信息的公开情况。

1. 评估发现的亮点

（1）义务教育阶段招生入学政策、招生范围、招生条件公开情况较好

评估发现，125家评估对象中，有91家公开了本地2019年义务教育阶段入学工作文件（如招生工作实施方案），占72.80%。有73家公开了本地义务教育阶段入学政策咨询电话，占 58.40%。有 69 家公开了小学招生范围，占 55.20%。有 65 家公开了初中招生范围，占 52.00%。有 90 家公开了普通学生入学条件，占 72.00%。88 家公开了随迁子女入学条件，占 70.40%。

（2）部分政府门户网站设置义务教育信息公开专栏

评估发现，被评估对象普遍在政府门户网站设置了义务教育信息公开专栏或在醒目位置设置了查询链接。如北京市朝阳区门户网站设置【教委】专栏，在【教委】专栏内公开 2019 年小学、初中朝阳区居住地对应学校查询系统以及招生考试平台快速入口。

（3）部分设区市集中展示行政管辖区范围内所有县（市、区）的义务教育信息

通过集中展示义务教育信息，方便家长、学生高效查询各县（市、区）信息。评估发现，部分评估对象通过市、县、区政府网站集中展示义务教育信息。例如广州市教育局义务教育学校招生报名系统【招生政策】栏目公布了广州市各个区的招生政策；【快速通道】栏目提供了公办小学、民办小学、民办初中的报名入口。合肥市教育局提供市区 2019 年义务教育阶段招生入学报名信息登记系统入口，集中公开合肥市各区义务教育政策、政策解读等信息；【中小学教育】栏目公开了小学、初中、高中学校基本情况一览表；

合肥市教育云平台—【市民服务系统】—【小学初中报名】集中公开合肥市各区义务教育政策、政策解读等信息,【优质特色学校展示平台】集中展示了各学校情况。

(4) 部分对象采用图文、图表结合的形式公开义务教育信息

评估发现,部分对象尝试采用图文、图表结合的形式公开义务教育信息。例如上海市教育局提供市区2019年义务教育阶段招生入学报名信息登记系统入口,集中公开上海市各区义务教育政策、政策解读等信息,在【中小学教育】栏目中,采用了一览表的形式展示上海市小学、初中、高中学校基本情况,用图文结合的方式展示上海市小学、初中入学流程。北京市通州区人民政府通过通州区幼儿园、小学、中学的学校地图,形象化可视化地展示了通州区义务教育学校位置、学区等信息。

(5) 部分对象将义务教育信息与学习平台融合

评估发现,部分对象尝试通过网站学习平台发布义务教育信息。例如齐齐哈尔市龙沙区民航路小学学校创客教育空间为学校学生提供了一个很好的小学生创作平台,鼓励学生创新激发学生创作潜力,提高学生综合素质。荆州市监利县监利教研网为县(市、区)小学、初中提供优质的教研信息,为义务教育学生提供优秀的学习平台，将义务教育信息与学习平台融合，让学生及家长在平台学习娱乐的同时，了解最新的义务教育公开信息。

2. 评估发现的问题

(1) 部门政府义务教育信息公开程度较低

评估发现，部分县（市、区）义务教育信息公开内容较少。例如河南省汤阴县、河南省开封市祥符区、黑龙江省东宁市、辽宁省沈阳市浑南区、山西省孝义市和四川省仁寿县等县（市、区）门户网站未公开本地 2019 年义务教育阶段入学工作文件（年度招生工作方案），未公开本县（市、区）义务教育阶段入学政策咨询电话、2019 年每所小学的招生范围（学区划分情况）、2019 年每所小学的计划招生人数、2019 年每所初中的招生范围（学区划分情况）、2019 年每所初中的计划招生人数、2019 年随迁子女入学条件、2019 年小学招生结果和区域内学校情况等信息。

(2) 评估对象普遍未公开 2019 年义务教育招生结果

评估发现，125 家评估对象中有 117 家未公开 2019 年小学招生结果，有 118 家未公开 2019 年初中招生结果。另外，河北唐山市迁安市、浙江省宁波市江北区仅公开小学、初中招生结果统计数据信息，未公开学生名单。

(3) 学校基本情况和学校招生简章信息公开比例较低

对于125家县（市、区）评估对象，项目组分别在每1家评估对象随机抽查1所公办小学，考察是否公开了学校基本情况和学校招生简章公开信息。评估发现，在学校基本情况公开方面，公开了学校简介，并能够完整覆盖办学性质、办学地点、办学规模、办学基本条件、联系方式等要素信息的评估对象仅有10家，占比仅为8.00%。在学校招生简章信息公开方面，在被抽查到的学校中，仅有4家公开了学校招生简章，占比仅为3.20%。

（十三）政策解读

政策解读作为政府信息公开的重要组成部分之一，公开程度是否良好也是评价政府是否做到"透明、公开"以及政府服务水平高低的一个重要标准。

2019年，对政策解读情况的评估主要涉及各评估对象的政策解读栏目设置，政策解读发布情况、政策解读形式、政策解读内容、主要负责人解读情况等。其中，针对政策解读信息，评估采取了较严的标准，必须是本机关对自身政策的解读；而主要负责人解读则采用了相对较宽的标准，不是仅仅局限于评估对象的主要领导，而是放宽到该机关的相关负责人即可。

1. 评估发现的亮点

(1) 政策解读栏目设置普遍

政策解读专栏的设置方面，45家国务院部门，31家省级政府，49家较大的市以及121家县（市、区）在其门户网站中均设置了专栏，开通率达到了96.85%以上，各评估对象基本上均设立了政策解读栏目，对相关政策进行解读和公开，整体的解读栏目设置情况良好。尤其是省级政府以及较大的市全部设置了政策解读专栏，设置率达到了100%，这样就便于公民在网站中寻找政策文件和解读文件。125家县（市、区）政府中，也有121家设置了专门的政策解读专栏，整体情况也是较好的。

(2) 政策解读内容中要素较为完整

在政策解读的内容方面，44家国务院部门、29家省级政府、49家较大的市以及95家县（市、区）在发布的政策解读内容中均列出了解读的背景以及核心内容。解读内容较为完善，而且在解读材料的内容中不仅仅只是照搬文件原文而是对其中的一些核心内容进行了更为简洁明了的解释，使得较为艰涩的政策文件内容变得通俗易懂，进而便于公民对于相关政策的理解和运用。

(3) 解读形式多样

评估发现，包括湖南省在内有37家国务院部门、

30家省级政府、41家较大的市以及68家县（市、区）使用了除文字外的其他解读方式，包括图解、视频解读等。而且绝大多数评估对象已经做到了使用多种方式对政策进行解读，实现了解读方式的多样化。多种形式的解读为群众正确理解政策文件提供了便利，也为公民正确运用政策文件提供了指引。如湖南省人民政府的解读涵盖了多种方式的解读，不仅如此湖南省还将政策解读的内容放置在专门的网页中，在网站中设置了政策文件、会议图解、政策图解、专题解读、部门解读、视频解读以及H5解读栏目，对政策文件以各种方式进行解读，便于公民对政策的理解。除此之外，湖南省对政策文件的解读主体也实现多样化，除部门外还确定了媒体解读。湖南省政府在网站中设置媒体解读专栏，对政府文件以媒体视角进行解读，实现政策解读的多主体解读。

2. 评估发现的问题

（1）多家评估对象没有将政策解读专栏设置进行分类

有35家国务院部门、12家省级政府、26家较大的市以及96家县（市、区）虽然设置了政策解读专栏，但却并没有对设置的专栏进行分类，总体占比为66.54%。这些评估对象只是设置了一个政策解读的总栏目，并没有按照一定标准对专栏设置进行分类。尤其是 125 家县（市、区）中有 96 家县（市、区）在网站中虽然设置了专门的政策解读栏目进行政策文件的解读公开，但是却并没有进行分类，而是将所有的解读信息进行了集中公开。这不仅不利于公民了解政策还会给公民寻找相关的政策带来不便，使得公民对网站的使用体验较差。

（2）多家评估对象仍存在信息定位不准确的问题

有 22 家国务院部门、6 家省级政府、14 家较大的市以及 37 家县（市、区）在政策解读栏目下放置非政策解读类信息的内容。如在政策解读信息栏目下放置新闻类信息或者任免类信息等。

（3）政策解读与政策发布同步性情况不佳

在政策发布与政策解读的同步性方面，国务院部门有 28 家评估对象未同步发布或者仅有部分的政策解读是同步发布的，而省级政府中有 23 家评估对象未同步或者没有全部进行同步发布；较大的市中有 24 家评估对象存在未同步发布、部分同步发布的现象；县（市、区）则有 62 家评估对象存在未同步发布、部分同步以及因未标注日期而无法判断是否同步的现象。政策发布和政策解读不同步发布会容易使公民对政策文件的理解产生误差，进而出现误解误读现象，进而造成负面影响。

（4）主要负责人解读情况不佳

评估发现，11 家国务院部门，11 家省级政府，28

家较大的市以及120家县（市、区）没有发布主要负责人解读政策的信息，总体情况不佳，总体占比达66.93%。尤其是县（市、区）一级的评估对象，125个评估对象中有120个评估对象没有主要负责人解读政策的信息，占比达到了96%。可见，要加强县（市、区）主要负责人的解读情况，优化解读方式，增加解读主体，实现对政策文件的全方位、多角度解读，进而使政策文件更加便于公民理解。

（十四）政府公报

《国务院办公厅关于做好政府公报工作的通知》《2019年政务公开工作要点》都提出，要优化服务功能，加强公开平台建设，推进政府公报创新发展。办好政府公报电子版，实现电子版与纸质版同步发行，逐步推行政府公报移动端展示。本次评估中，政府公报指标主要考察各评估对象在门户网站设置专门的政府公报栏目的情况，以及电子版政府公报发布情况。本项指标只涉及省级政府、较大的市政府和县（市、区）政府门户网站，不涉及国务院部门。

1. 评估发现的亮点

在栏目开设方面，有30家省级政府、42家较大的市政府和67家县（市、区）政府在其门户网站开设了政府公报栏目，分别占96.77%、85.71%和53.6%，省级政府、较大的市政府网站政府公报栏目开通率较高。其中，29家的省级政府、42家较大的市政府和58家县（市、区）政府逐年发布电子版政府公报，分别占93.55%、85.71%、46.4%。

评估中发现，有的政府网站在新媒体平台关联了专门的政府公报栏目，便于公众获取相关信息。例如，云南省人民政府在其官方微信公众号菜单栏"政务公开"中设置有专门的"政府公报"栏目；贵州省人民政府官方微信公众号在菜单"指尖政府"栏目下开设"省政府公报"栏目，公众可直接点击查阅政府公报内容。此外，部分评估对象开设了专门的政府公报微信公众号，例如，宁波市人民政府开设微信公众号"宁波市人民政府公报"，集中发布政府公报内容。

2. 评估发现的问题

根据《国务院办公厅关于做好政府公报工作的通知》，地方人民政府所属部门制发的规范性文件应及时送本级人民政府办公厅（室），供本级政府公报刊登。评估发现，部分评估对象政府公开内容不够丰富，极少通过政府公报发布同级政府部门的规范性文件。如河北、山西、福建、广西、新疆等省份的2019年度各期政府公报中主要公开的是省政府和省政府办公厅文件，未涉及省级政府部门的规范性文件。部分省份纳入政府公报的省级部门规范性文件较少，如青海2019年全年23期公报中仅有2篇为省政府部门规范性文件。

（十五）网站互动

网站互动是互联网时代及时了解群众诉求、加强政民有效沟通的重要途径。国务院办公厅印发的《〈关于全面推进政务公开工作的意见〉实施细则》明确要求，要积极探索公众参与新模式，不断拓展政府网站的民意征集、网民留言办理等互动功能，积极利用新媒体搭建公众参与新平台，加强政府热线、广播电视问政、领导信箱、政府开放日等平台建设，提高政府公共政策制定、公共管理、公共服务的响应速度，增进公众对政府工作的认同和支持。2019年评估中，政府网站互动功能主要考察各评估对象网站是否设置了政民互动平台（咨询、建议等），以及互动平台是否可用。

1. 评估发现的亮点
（1）网站普遍设置有互动平台
评估发现，评估对象网站互动平台形式多样，如领导信箱、在线咨询、阳光信访、智能问答等，公众可通过多渠道反映问题。各评估对象中，有48家国务院部门、31家省级政府、49家较大的市政府和124家县（市、区）政府门户网站开设了互动平台，总体开通率达99.21%。

（2）多个途径及时回应公众诉求

通过实际问询检测发现，92.13%的评估对象网站能够对公众提出的问题给予及时回复，部分评估对象还通过电话、短信等途径，在三个工作日内对公众诉求进行答复反馈。例如，江西省南昌市南昌县不仅通过电话回复，还通过发送短信息的方式实时向公众反馈办理进度；安徽省淮南市、海南省海口市、辽宁省瓦房店市等均通过电话及时回应公众诉求办理情况。

（3）部分评估对象网站开设有智能回复

部分评估对象在网站设置有智能问答系统，公众的在线咨询可通过智能系统迅速查询到相关问题及回复。例如，福建省厦门市人民政府网站开设的"互动交流知识库"，公众在网站进行咨询时，智能系统会即时提示知识库中相同或者相近的问题，便于公众快速、准确引用提问；北京市人民政府网站设置有"京京"在线咨询服务智能机器人，为公众提供 7×24 小时在线咨询服务；江西省贵溪市在网站开设有"贵溪在线"QQ在线咨询窗口，回应公众关切。

2. 评估发现的问题

评估发现,部分评估对象网站互动平台不可用。有8家国务院部门、3家省级政府、2家较大的市政府和7家县(市、区)政府网站互动平台不可用。通过对各评估对象网站进行留言测试发现,部分评估对象未及时对公众诉求进行回复。此外,部分评估对象在网站公开的公众留言回复中,回复时间超出5个工作日。

(十六)政府网站平台建设

政府网站是各级政府机关面向社会及时发布信息、提供服务和互动交流的重要渠道,是展示政府机关形象的重要窗口。但评估发现,部分评估对象的政府网站和政务新媒体等公开平台的建设水平仍有待提升。

1. 评估发现的亮点

多数网站布局规范化程度较高。《政府网站发展指引》对政府网站布局提出,政府网站页面布局要科学合理、层次分明、重点突出,一般分为头部标识区、中部内容区和底部功能区,并对相应的功能区布局设置提出了细化标准。项目组重点观察了"是否按照头部标识区、中部内容区和底部功能区设置网站布局""底部功能区至少要列明党政机关网站标识、'我为政府网站找错'监督举报平台入口、网站标识码、网站主办评估对象及联系方式、ICP备案编号、公安机关备案标识和站点地图等内容"。结果发现，多数评估对象网站布局符合规范，底部功能区要素放置齐全，符合《政府网站发展指引》的要求。在所有评估对象中，有198个网站信息放置规范性指标情况较好，总体占比77.95%，这些网站页面布局合理，党政机关网站标识、ICP备案编号、公安机关备案标识等要素齐全。值得一提的是，31家省级政府网站全部符合网站信息放置规范性指标要求。

2. 评估发现的问题

（1）个别评估对象网站栏目存在重复设置或功能重叠的情况

通过逐一查看政府网站信息发布、解读回应、办事服务、互动交流等栏目发现，在所有评估对象中，有23个网站存在栏目设置重叠的情况。重复栏目主要集中在通知公告、政策法规等。如：国家中医药管理局在网站首页开设有2个通知公告栏目；北京市人民政府网站开设的"政策文件""热门政策""政策解读""热门解读"栏目有较大的重叠性。

（2）个别评估对象政府网站布局不符合规范

评估发现，个别评估对象仍然存在政府网站布局不规范的情况。有1家较大的市政府网站和2家县（市、区）政府网站首页未按头部标识区、中部内容区和底部功能区设置。通过对网站底部功能区进行排查发现，有1家县（市、区）政府网站未添加党政机关网站标识；有4家国务院部门网站未添加网站标识码；4家国务院部门网站、7家较大的市政府网站和7家县（市、区）政府网站未添加网站主办单位及联系方式；有12家国务院部门网站、1家较大的市政府网站和10个县级部门网站未添加公安机关备案标识和站点地图。

（3）部分网站搜索功能亟待提升

一是个别县（市、区）政府未在政府门户网站设置搜索功能。如辽宁大连市瓦房店市人民政府、西藏日喀则南木林县人民政府。

二是部分网站搜索功能无法使用，有3家国务院部门、2家省级政府、2家较大的市政府和1家县（市、区）政府设置有搜索功能但可用性差。

三是个别评估对象搜索结果排序混乱，用户体验差，其中，检索结果未按一定规则排序的涉及2家国务院部门、1家省级政府、5家较大的市政府、11家县（市、区）政府。

四是部分评估对象未提供高级检索（或精准搜索）功能。精准（高级）检索是网站检索功能的一项必备服务，其目的在于为用户提供更加准确、更加符合需求的搜索结果。评估发现，有9家国务院部门、5家省级政府、11家较大的市政府、45家县（市、区）政府网站未提供高级检索（精准搜索）功能。

五是部分评估对象搜索功能与政务服务的融合较差，有35家国务院部门、15家省级政府、28家较大的市政府以及95家县（市、区）政府都无法搜索在线服务入口。

（十七）政务新媒体建设

政务新媒体是移动互联网时代党和政府联系群众、服务群众、凝聚群众的重要渠道，是加快转变政府职能、建设服务型政府的重要手段，是引导网上舆论、构建清朗网络空间的重要阵地，是探索社会治理新模式、提高社会治理能力的重要途径。为此，国务院办公厅还专门发布了《国务院办公厅关于推进政务新媒体健康有序发展的意见》，以规范政务新媒体建设。

近年来，各级政府部门积极运用政务新媒体推进政务公开、优化政务服务、凝聚社会共识、创新社会治理，取得了较好成效。本次评估重点考察了政务新媒体开设情况、更新情况，政府网站与政务新媒体关联情况，重要信息政务新媒体与政府网站信息同步发布情况等。

1. 评估发现的亮点

（1）政务新媒体开设和更新情况良好

评估发现，在政务新媒体开设情况方面，42家国务院部门、31家省级政府、47家较大的市政府和106家县（市、区）政府开设了政务新媒体。在政务新媒体更新情况方面，42家国务院部门、31家省级政府、46家较大的市政府和97家县（市、区）政府的政务新媒体更新情况不低于一周一次。其中，31个省份全部开设了政务新媒体，并保持不低于一周一次的更新频率。

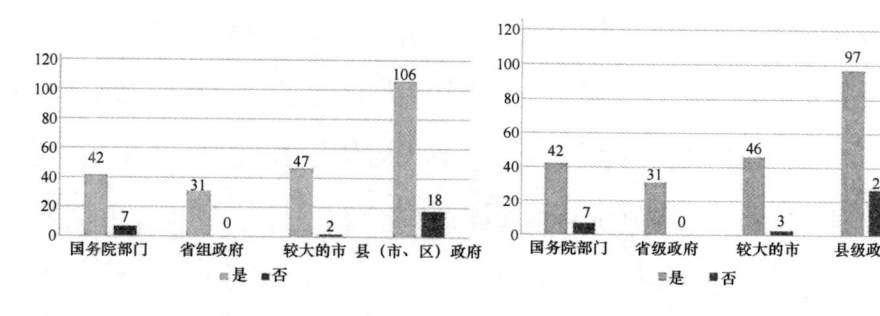

图1 开设有政务新媒体情况统计

图2 政务新媒体更新不低于一周一次情况统计

（2）多数部门积极推动政府网站与政务新媒体融合发展

一是打通平台之间的链接。评估发现，有40家国务院部门、30家省级政府、44家较大的市政府和95家县（市、区）政府网站提供本级政府的新媒体二维码入口或链接入口。有29家国务院部门、22家省级政府、31家较大的市政府和50家县（市、区）政府的政务新媒体提供本级政府网站二维码入口或链接入口。二是实现信息同步发布。通过抽查各评估对象政务新媒体发布的涉及群众切身利益政务公开信息发现，有41家国务院部门、31家省级政府、42家较大的市政府和82家县（市、区）政府的政务新媒体信息与政府网站同步发布。

2. 评估发现的问题

（1）个别评估对象仍未开设政务新媒体

根据《国务院办公厅关于推进政务新媒体健康有序发展的意见》的要求，县级以上地方各级人民政府及国务院部门应当开设政务新媒体，其他评估对象可根据工作需要规范开设。评估发现，有7家国务院部门、2家较大的市政府和18家县（市、区）政府未开设政务新媒体。

（2）部分评估对象政务新媒体与本级政府网站关联度不高

评估发现，有9家国务院部门、1家省级政府、5家较大的市政府和29家县（市、区）政府网站未提供本级政府的新媒体二维码入口或链接入口。有20家国务院部门、9家省级政府、18家较大的市政府和74家县（市、区）政府的新媒体未提供本级政府网站二维码入口或链接入口，政府网站和政务新媒体未相互关联。

（3）县（市、区）政府政务新媒体与网站信息发布不同步情况较普遍

虽然政务新媒体与政府网站信息同步发布的情况较2018年有明显改善，但从评估结果看，县（市、区）政府政务新媒体与网站信息发布不同步的问题依然存在。仅有66%的县（市、区）政府政务新媒体发布信息在对应的政府网站上发布，信息发布不同步情况较为普遍。

（十八）依申请公开

依申请公开是政府信息公开制度的重要组成部分内容，是保障公民知情权的重要实现方式。2019年，项目组对全国125家县（市、区）政府进行了依申请公开情况的评估。项目组从2019年8月27日至12月

20日，陆续通过在线申请和信函申请的方式进行了验证，在线方式采取通过政府网站平台或者电子邮件发送申请的方式，信函申请则采取了邮寄挂号信的方式。评估的重点为125家县（市、区）政府的依申请渠道的畅通性和依申请公开答复的规范化程度。

1. 评估发现的亮点

（1）申请渠道普遍畅通

在线申请和信函申请是125家县（市、区）政府信息公开指南里提交申请的重要渠道。项目组分别通过网站平台或者电子邮件的方式向县（市、区）政府提交了申请，其中提供该渠道且渠道畅通的有93家。对于没有在线申请渠道或在线申请渠道不畅通的剩余的32家县（市、区）政府，则采用了信函申请的方式，结果显示该渠道均畅通，中国邮政给据邮件跟踪查询系统显示，项目组以挂号信方式发出的申请函件均被各个评估对象签收。

（2）部分评估对象通过短信提醒申请信息办理进度

项目组通过网络平台和电子邮件方式提交政府信息公开申请时发现，共收到10家县（市、区）政府的短信提醒，提示了申请进度。例如福建省泉州市晋江市、泉州市石狮市在申请提交成功到受理以及最后的处理完毕，全程都有短信提醒，方便申请人了解自己申请信息的每一个进度。

(3) 不少县（市、区）政府出具的答复内容齐全规范

部分评估对象的答复内容比较齐全，有的地方政府还联合涉及申请内容的其他部门，尽可能满足申请人信息需求。例如北京市通州区政府不仅出具了完整规范的答复告知书，而且给申请人邮寄了北京市地方标准的《公共厕所建设规范》，还附了固定公厕的台账。宁夏回族自治区固原市彭阳县人民政府办公室在收到依申请件后，及时与县住建局、文广局联系，提供了相关的文件和数据，经过整理统计得出最后的数据，给申请人提供了详细的数据和标准材料。

(4) 依申请公开栏目功能更加多样

验证发现，各县（市、区）政府的依申请栏目功能更加丰富，不仅有传统的在线申请提交和查询功能，还可以进行在线投诉，且公布了政府信息公开申请案件受理和处理的数量。

2. 评估发现的问题

(1) 部分评估对象存在指南内容错误、不明确等现象

政府信息公开指南是群众利用政府信息公开制度，尤其是申请公开政府信息的指引，规范、准确地发布指南是依申请公开运行畅通的基本要求。然而，部分评估对象存在未公开指南以及指南内容错误、内容不明确等问题。

首先,个别评估对象政府信息未公开指南。有3家县(市、区)政府无法查到其政府信息公开指南,占2.4%。

其次,部分评估对象的政府信息公开指南内容与新《条例》规定不符。新修订的《政府信息公开条例》对主动公开和依申请公开的规定有所变化,这就要求各级政府机关参照新条例的规定,及时修改调整自身的指南。但评估发现,仅有49家县(市、区)政府的指南做了更新,仅占39.2%。有51家县(市、区)政府的指南所描述的依申请公开的答复时限与新《条例》不符。

再次,指南关于依申请公开的表述不明确。一是部分评估对象指南的要素有所缺失,指南里并没有列明申请方式、依申请答复期限和监督救济渠道。如海口市美兰区人民政府指南无申请方式、依申请答复期限和监督救济渠道;广东省惠州市博罗县指南无依申请的答复期限。二是个别评估对象的指南中明确申请表见附件,但根本找不到申请表,如山西省太原市杏花岭区政府。

最后,部分评估对象公开指南内容有误。一是所发布的不是本部门信息公开指南,错把国家的法律法规当作本地信息公开指南进行发布。如甘肃兰州市永登县政府信息公开指南内容为《中华人民共和国政府信息公开条例》。二是指南内公开的依申请公开邮寄地址、联系电话错误。如项目组在给西藏拉萨市城关区政府进行邮寄申请时，快递员反馈说地址、电话均不正确；黑龙江哈尔滨市松北区政府的指南中所列的电话不是政务公开部门的电话。三是公开指南内容与实际情况不一致。如安徽黄山市徽州区的指南中指明电子申请方式只有电子邮件一种，但其实际提供了在线申请平台。又如山西省太原市万柏林区的指南中告知有网页平台发送方式，但是却找不到该页面。

（2）部分对象办理申请过程存在平台障碍和程序性障碍

首先，部分评估对象网络平台申请不顺畅。一是系统无法提交。如南京市玄武区政府在线申请平台在不同时间段多次显示提交失败；葫芦岛市建昌县的在线申请平台提交时显示需填写校验码，但校验码根本无法显示；广西壮族自治区百色市平果县政府网站无法上传身份证，无法收到验证码。二是存在非必需的强制填写事项。如广西壮族自治区玉林市博白县政府、贵州省贵阳市南明区政府等要求必须填写固定电话号码、传真号码或工作单位等信息。三是申请平台注册程序复杂，如辽宁省大连市瓦房店市。四是部分评估对象在线申请平台只支持向具体政府部门提交，不支持向本级政府提交，申请渠道不完整，如甘肃省酒泉市肃州区政府。五是部分评估对象在线申请平台不支持查询申请结果或查询办理结果功能出现问题。如河南省开封市祥符区、河南省洛阳市洛龙区等地，在平台显示发送成功后，未反馈查询码或查询编号，无法查询答复进度。个别评估对象在线申请平台的查询功能出错，存在无法找到查询入口或通过查询编码查询后显示网页乱码的情况。如江西省南昌市南昌县政府和湖南省株洲市渌口区在线申请平台没有查询入口，无法知晓是否做出答复；内蒙古自治区通辽市科尔沁区的查询答复结果页面提示"连接已重置"；甘肃省天水市甘谷县的申请结果查询页面显示的标题出现乱码。

其次，部分评估对象对电子邮件申请的办理程序不规范。一是部分评估对象未对电子邮件申请进行确认。修订后的《政府信息公开条例》第三十六条对于电子渠道的申请增加了确认环节，以申请双方确认日期作为收到申请之日，但是现实中，多数评估对象未主动联系申请人确认是否收到申请。二是部分评估对象确认电话不畅通。如四川省绵阳市涪城区政府的指南说明电子邮件发送后需要打电话确认，但是项目组在不同时间拨打预留的电话，均无法接通。约两个月后，项目组收到该评估对象电话，工作人员表示一直在等项目组的电话确认申请,并询问是否还需要信息。三是部分评估对象未使用官方办公邮箱进行答复。评估发现,多数基层政府在答复依申请公开信息时所使用的邮箱为个人邮箱,而非官方办公邮箱,一些私人邮箱的不恰当昵称会影响政府信息公开的规范化程度。四是个别评估对象在答复邮件中未注明所属机关名称。如四川绵阳市涪城区政府在答复中,虽然使用了gov后缀的政府邮箱,但未在邮箱或答复内容中注明机关名称,也未出具正式的答复告知书。

(3) 部分评估对象未答复、超期答复、答复内容不规范

第一,部分评估对象未答复或超期答复。《政府信息公开条例》规定,行政机关收到申请时,能当场答复的,应当当场答复;不能当场答复的,应当自收到申请之日起20个工作日内予以答复。截至本报告发布时,项目组未收到答复的涉及32家县(市、区)政府,占25.6%,有13家县(市、区)政府未在法定期限里答复申请,占10.4%。

第二,部分评估对象答复格式不规范。一是没有使用官方邮箱进行答复。截至12月20日,在电子邮箱答复件中,使用答复的邮箱域名为gov.cn的仅有13家,使用非官方邮箱答复的有41家,是使用官方办公邮箱答复数量的3.15倍。二是没有出具正式的答复告知书。有9家评估对象未提供正式的答复告知书。如广西壮族自治区百色市平果县使用电子邮件做出的答复虽然内容比较详细,但是没有出具正式的答复告知书。又如贵州省黔西南州贞丰县通过网络平台做出的答复内容很完整,但也未出具正式的答复告知书。

第三,部分评估对象未在答复中告知救济渠道。根据《政府信息公开条例》,行政机关作出对申请人不利的答复(部分公开、不予公开、非政府信息、信息不存在、非本机关政府信息的公开的范围等)时,应当告知申请人法律依据、理由和救济渠道。评估发现,部分县(市、区)政府未在答复书中告知救济渠道或列全救济渠道。在已回复的93家县(市、区)政府中,仅有22家评估对象完全列明了所有的复议机关和诉讼法院的具体名称,占23.66%。同时,在作出不利于当事人的回复中,有5家评估对象完全未告知救济渠道;有3家县(市、区)政府在作出不利于当事人的回复中告知了其有提起诉讼或者申请行政复议的权利,但没有说明向哪个机关寻求救济。

第四,部分评估对象通过平台做出的答复中没有显示答复时间。部分平台未显示答复时间;有的平台一直显示为未受理的状态;有的平台虽然显示已经做出答复,但无法查到具体内容,仅有"已回复"几个字;有的平台虽然显示已经做出答复,但未显示答复时间也未告知当事人。

第五，部分评估对象通过网络平台做出的答复书无法下载。如山东省济南市历下区平台内有下载答复告知书的方式，但是在下载告知书时，无法下载，网页显示"无附件"。

第六，部分县（市、区）政府对政府信息公开申请设置不合理条件。有的评估对象表示需要申请人是利害关系人或本地人才会答复申请人，有的评估对象表示需要申请人提供与自身有关的材料或科研立项书等证明材料，才会答复申请人。例如山西省吕梁市柳林县、甘肃省兰州市城关区。

第七，个别评估对象作出截然不同的两份答复。如山东省烟台市龙口市政府对于同一申请先后两次通过电子邮件作出答复，但内容却截然不同，一份答复告知书表明不属于本机关公开，另一份答复告知书则告知了申请人所需的信息。

四　政务公开发展展望

党的十九大报告指出，转变政府职能，深化简政放权，创新监管方式，增强政府公信力和执行力，建设人民满意的服务型政府。全面深化政务公开在其中发挥着不可或缺的作用，使政府权力运行更加规范有序，令广大人民群众能参与、可监督并真正享受到深化改革的红利。

第一，树立对政务公开的正确认识。政务公开工作人员正确的积极的公开意识是做好政务公开工作的关键。在推进政务公开过程中必须不断适应形势，明确为什么公开、为谁公开、公开什么等问题。因此，政务公开培训应常抓不懈，注重加强对政务公开形势的宣讲，让政务公开工作人员明白，政务公开不仅仅是行政机关单向性的主动公开信息和被动的依申请公开信息，更是要充分发挥信息的管理和服务作用，推动简政放权、放管结合、转变政府职能，也是让社会大众参与到政府决策和社会治理过程中来，构建良好的政民关系，打造共建共治共享的社会治理格局。

第二，理顺公开工作机制，加强部门间的协同合作。政务公开不能仅仅依靠公开部门自身的努力，政府部门间就公开工作明确职责分工，协同合作是政务公开和谐统一的重要保障。因此，建议充分理顺工作机制，加强政务公开牵头部门间的协同合作。充分发挥政务公开领导小组的统筹协调作用，尤其要协调各部门间对同一公开事项的标准，避免因多头管理造成的对外公开不统一、不一致、不同步等现象。同时，充分发挥政府法制办的"参谋"作用，以保证对外公开信息的质量，并防范可能存在的风险。

第三，注重总结和推广经验。根据国务院办公厅印发的《开展基层政务公开标准化规范化试点工作方案》，全国各地都在开展基层政务公开标准化规范化试点工作，试点工作将在2018年收官。应当以此为契机，全面总结政务公开工作经验，在一定领域的公开工作中形成细化且具备可操作性的工作机制和公开标准。

第四，注重处理好公开与不公开的关系。既要依法逐步扩大公开范围，满足公众知情需求，也要注意公开限度。注重公开方式方法，注意个人隐私保护，避免不当公开引发对其他当事人、行政管理秩序的消极影响。

第五，以大公开理念推动政务公开工作。应当按照公开、解读、回应一体化的理念推动公开工作，公开信息应当根据社会形势、舆情状况做好舆情及社会风险评估，并应当配合解读工作等，确保公开信息的准确、全面，消除被误解误读误判的风险。对于形成的舆情及其他社会关切，建立快速反应机制，作出内容妥当的回应。

第六，加强政府网站的信息化建设。众所周知，政府网站是政府信息公开的第一平台，其建设的好坏直接影响政务公开的效果，但政府网站上信息的对外展示依托于网站和信息的后台管理，后者显得更为重要。因此，建议加强政府网站的信息化建设，建设完善的后台管理系统，依据制定好的主动公开目录设定内容要素，使行政机关履职过程中的每个环节都可以在后台管理系统中留痕，同时产生政府信息，并且该政府信息要满足内容要素的要求，该政府信息可经过内部保密审查程序后自动推送到外网。同时，加强网站栏目设置的规范化建设，提升网站使用的友好性。

附件 中国政务公开第三方评估（2019）评估对象

（一）国务院部门（共49家）

1. 国务院组成部门（23家）

中华人民共和国外交部
中华人民共和国国家发展和改革委员会
中华人民共和国教育部
中华人民共和国科学技术部
中华人民共和国工业和信息化部
中华人民共和国国家民族事务委员会
中华人民共和国公安部
中华人民共和国民政部
中华人民共和国司法部
中华人民共和国财政部
中华人民共和国人力资源和社会保障部

中华人民共和国自然资源部

中华人民共和国生态环境部

中华人民共和国住房和城乡建设部

中华人民共和国交通运输部

中华人民共和国水利部

中华人民共和国农业农村部

中华人民共和国商务部

中华人民共和国文化和旅游部

中华人民共和国国家卫生健康委员会

中华人民共和国应急管理部

中国人民银行

中华人民共和国审计署

2. 国务院直属特设机构（1家）

国务院国有资产监督管理委员会

3. 国务院直属机构（8家）

中华人民共和国海关总署

国家税务总局

国家市场监督管理总局

国家广播电视总局

国家体育总局

国家统计局

国家国际发展合作署
国家医疗保障局

4. 国务院直属事业单位（3家）

中国气象局
中国银行保险监督管理委员会
中国证券监督管理委员会

5. 国务院部委管理的国家局（14家）

国家信访局
国家粮食和物资储备局
国家能源局
国家烟草专卖局
国家移民管理局
国家林业和草原局
国家铁路局
中国民用航空局
国家邮政局
国家文物局
国家中医药管理局
国家外汇管理局
国家药品监督管理局
国家知识产权局

（二）省级政府（共31家）

北京市
天津市
河北省
山西省
内蒙古自治区
辽宁省
吉林省
黑龙江省
上海市
江苏省
浙江省
安徽省
福建省
江西省
山东省
河南省
湖北省
湖南省
广东省
广西壮族自治区

海南省

重庆市

四川省

贵州省

云南省

西藏自治区

陕西省

甘肃省

青海省

宁夏回族自治区

新疆维吾尔自治区

（三）较大的市政府（共49家）

河北省石家庄市

河北省唐山市

河北省邯郸市

山西省太原市

山西省大同市

内蒙古自治区呼和浩特市

内蒙古自治区包头市

辽宁省沈阳市

辽宁省大连市

辽宁省鞍山市
辽宁省抚顺市
辽宁省本溪市
吉林省长春市
吉林省吉林市
黑龙江省哈尔滨市
黑龙江省齐齐哈尔市
江苏省南京市
江苏省无锡市
江苏省徐州市
江苏省苏州市
浙江省杭州市
浙江省宁波市
安徽省合肥市
安徽省淮南市
福建省福州市
福建省厦门市
江西省南昌市
山东省济南市
山东省青岛市
山东省淄博市
河南省郑州市
河南省洛阳市

湖北省武汉市
湖南省长沙市
广东省广州市
广东省深圳市
广东省珠海市
广东省汕头市
广西壮族自治区南宁市
海南省海口市
四川省成都市
贵州省贵阳市
云南省昆明市
西藏自治区拉萨市
陕西省西安市
甘肃省兰州市
青海省西宁市
宁夏回族自治区银川市
新疆维吾尔自治区乌鲁木齐市

（四）县（市、区）政府（共125家）

北京市东城区
北京市西城区
北京市朝阳区

北京市海淀区

北京市通州区

天津市南开区

天津市河西区

天津市武清区

天津市滨海新区

河北省石家庄市长安区

河北省唐山市丰润区

河北省迁安市

山西省太原市杏花岭区

山西省太原市万柏林区

山西省柳林县

山西省孝义市

内蒙古自治区呼和浩特市新城区

内蒙古自治区包头稀土高新区

内蒙古自治区通辽市科尔沁区

内蒙古自治区准格尔旗

辽宁省沈阳市浑南区

辽宁省沈阳市铁西区

辽宁省瓦房店市

辽宁省建昌县

吉林省长春市南关区

吉林省农安县

吉林省前郭尔罗斯蒙古族自治县

吉林省延吉市

黑龙江省哈尔滨市道里区

黑龙江省哈尔滨市松北区

黑龙江省齐齐哈尔市龙沙区

黑龙江省东宁县

上海市黄浦区

上海市徐汇区

上海市普陀区

上海市虹口区

上海市浦东新区

江苏省南京市建邺区

江苏省南京市玄武区

江苏省新沂市

江苏省苏州工业园区

江苏省沭阳县

浙江省杭州市江干区

浙江省杭州市拱墅区

浙江省宁波市江北区

浙江省温州市瓯海区

浙江省义乌市

安徽省合肥市庐阳区

安徽省合肥市蜀山区

安徽省黄山市徽州区

安徽省灵璧县

安徽省六安市裕安区

安徽省金寨县

福建省福州市鼓楼区

福建省石狮市

福建省晋江市

江西省南昌市东湖区

江西省南昌县

江西省贵溪市

江西省鄱阳县

山东省济南市历下区

山东省龙口市

山东省荣成市

河南省郑州市上街区

河南省郑州市中原区

河南省开封市祥符区

河南省洛阳市洛龙区

河南省汤阴县

湖北省武汉市江岸区

湖北省宜都市

湖北省监利县

湖南省长沙市岳麓区

湖南省浏阳市

湖南省株洲市渌口区

湖南省衡阳县

广东省广州市越秀区

广东省广州市海珠区

广东省深圳市罗湖区

广东省佛山市禅城区

广东省博罗县

广西壮族自治区南宁市青秀区

广西壮族自治区桂平市

广西壮族自治区博白县

广西壮族自治区平果县

海南省海口市秀英区

海南省海口市美兰区

海南省定安县

海南省乐东黎族自治县

重庆市万州区

重庆市渝中区

重庆市奉节县

四川省成都市武侯区

四川省成都市龙泉驿区

四川省绵阳市涪城区

四川省安岳县

四川省仁寿县

贵州省贵阳市南明区

贵州省贵阳市观山湖区

贵州省六枝特区

贵州省遵义市播州区

贵州省贞丰县

云南省昆明市呈贡区

云南省昆明市五华区

云南省腾冲市

云南省楚雄市

西藏自治区拉萨市城关区

西藏自治区拉萨市堆龙德庆区

西藏自治区南木林县

陕西省西安市未央区

陕西省彬州市

陕西省延安市安塞区

甘肃省兰州市城关区

甘肃省永登县

甘肃省甘谷县

甘肃省酒泉市肃州区

青海省西宁市城中区

青海省西宁市城东区

青海省德令哈市

宁夏回族自治区银川市金凤区
宁夏回族自治区贺兰县
宁夏回族自治区青铜峡市
宁夏回族自治区彭阳县
新疆维吾尔自治区乌鲁木齐市水磨沟区
新疆维吾尔自治区乌鲁木齐市天山区
新疆维吾尔自治区库尔勒市

参考文献

（一）学术专著类

陈甦、田禾主编：《法治蓝皮书：中国法治发展报告 No.17（2019）》，社会科学文献出版社2019年版。

段尧清、汪银霞：《政府信息公开机制研究》，高等教育出版社2014年版。

后向东：《信息公开法基础理论》，中国法制出版社2017年版。

李林、田禾主编：《法治蓝皮书：中国地方法治发展报告 No.4（2018）》，社会科学文献出版社2018年版。

李林、田禾主编：《法治蓝皮书：中国法治发展报告 No.16（2018）》，社会科学文献出版社2018年版。

吕艳滨、田禾：《中国政府透明度（2009~2016）》，社会科学文献出版社2017年版。

吕艳滨：《透明政府：理念、方法与路径》，社会科学文献出版社2015年版。

吕艳滨：《信息法治：政府治理新视角》，社会科学文献出版社 2009 年版。

钱弘道：《法治评估及其中国应用》，人民出版社 2017 年版。

田禾、吕艳滨主编：《法治的尺度》，社会科学文献出版社 2018 年版。

田禾、吕艳滨主编：《中国政府透明度（2018）》，中国社会科学出版社 2018 年版。

田禾、吕艳滨主编：《中国政府透明度（2019）》，中国社会科学出版社 2019 年版。

田禾、吕艳滨主编：《中国政府透明度（2019）：义务教育透明度报告》，中国社会科学出版社 2020 年版。

王敬波：《政府信息公开：国际视野与中国发展》，法律出版社 2016 年版。

王少辉：《迈向阳光政府：我国政府信息公开制度研究》，武汉大学出版社 2010 年版。

王万华：《知情权与政府信息公开制度研究》，中国政法大学出版社 2013 年版。

王益民：《电子政务环境下的政府信息公开》，国家行政学院出版社 2016 年版。

肖卫兵：《政府信息公开热点专题实证研究：针对条例修改》，中国法制出版社 2017 年版。

杨小军：《政府信息公开实证问题研究》，国家行政学院出版社2014年版。

姚坚：《重大行政决策过程信息公开研究》，清华大学出版社2018年版。

叶必丰等：《〈政府信息公开条例〉评估报告》，中国法制出版社2018年版。

余凌云主编：《开放政府的中国实践——〈政府信息公开条例〉实施的问题与出路》，清华大学出版社2016年版。

张明杰：《开放的政府——政府信息公开法律制度研究》，中国政法大学出版社2003年版。

赵正群等：《政府信息公开法制比较研究》，南开大学出版社2013年版。

中国社会科学院法学研究所：《中国政务公开第三方评估报告（2016）》，中国社会科学出版社2017年版。

中国社会科学院国家法治指数研究中心、中国社会科学院法学研究所法治指数创新工程项目组：《政府信息公开工作年度报告发布情况评估报告（2017）》，中国社会科学出版社2017年版。

中国社会科学院国家法治指数研究中心、中国社会科学院法学研究所法治指数创新工程项目组：《政府信息公开工作年度报告发布情况评估报告（2018）》，中国社会科学出版社2018年版。

中国社会科学院国家法治指数研究中心、中国社会科学院法学研究所法治指数创新工程项目组：《中国政务公开第三方评估报告（2017）》，中国社会科学出版社2018年版。

中国社会科学院国家法治指数研究中心、中国社会科学院法学研究所法治指数创新工程项目组：《中国政务公开第三方评估报告（2018）》，中国社会科学出版社2019年版。

中国政法大学法治政府研究院编：《法治政府蓝皮书：中国法治政府发展报告（2017）》，社会科学文献出版社2018年版。

中国政法大学法治政府研究院编：《法治政府蓝皮书：中国法治政府评估报告（2018）》，社会科学文献出版社2018年版。

周尚君：《法治定量：法治指数及其中国应用》，中国法制出版社2018年版。

朱景文主编：《中国人民大学中国法律发展报告（2018）：2015—2017年中国法治满意度评估》，中国人民大学出版社2018年版。

（二）学术论文类

董志强、魏下海、汤灿晴：《制度软环境与经济发展——基于30个大城市营商环境的经验研究》，《管理世界》2012年第4期。

高秦伟：《美国政府信息公开申请的商业利用及其应对》，《环球法律评论》2018年第4期。

胡仙芝：《历史回顾与未来展望：中国政务公开与政府治理》，《政治学研究》2008年第6期。

蒋立山：《中国法治指数设计的理论问题》，《法学家》2014年第1期。

栗燕杰：《大数据背景下的政府信息公开法律制度完善研究》，《重庆邮电大学学报》（社会科学版）2016年第6期。

吕艳滨：《网络时代政府信息公开制度的问题与应对》，《重庆邮电大学学报》（社会科学版）2016年第6期。

吕艳滨：《依申请公开制度的实施现状与完善路径——基于政府信息公开实证研究的分析》，《行政法学研究》2014年第3期。

吕艳滨：《政府信息公开制度实施状况——基于政府透明度测评的实证分析》，《清华法学》2014年第3期。

马怀德：《政府信息公开制度的发展与完善》，《中国行政管理》2018年第5期。

钱弘道、杜维超：《法治评估模式辨异》，《法学研究》2015年第6期。

秦小建：《政府信息公开的宪法逻辑》，《中国法学》2016年第3期。

田禾：《法治指数及其研究方法》，《中国社会科学院研究生院学报》2015年第3期。

田禾：《量化研究：衡量法治的尺度》，《中国应用法学》2017年第1期。

王敬波：《政府信息公开中的公共利益衡量》，《中国社会科学》2014年第9期。

王锡锌：《政府信息公开制度十年：迈向治理导向的公开》，《中国行政管理》2018年第5期。

杨永纯、高一飞：《比较视野下的中国信息公开立法》，《法学研究》2013年第4期。

余凌云：《政府信息公开的若干问题——基于315起案件的分析》，《中外法学》2014年第4期。

张志铭、王美舒：《中国语境下的营商环境评估》，《中国应用法学》2018年第5期。

郑方辉、尚虎平：《中国法治政府建设进程中的政府绩效评价》，《中国社会科学》2016年第1期。

曾宇辉：《服务行政视域中的政府信息公开——基于政民关系的视角》，《政治学研究》2013年第3期。

后　　记

　　对全国各级机关抽样开展政务公开第三方评估工作，是中国社会科学院国家法治指数研究中心、法学研究所法治指数创新工程项目组研发的"法治指数"项目中的重要组成部分。从2009年起，课题组在全国率先开始研发"中国政府透明度指数"，对各级政府落实《政府信息公开条例》、推进政务公开的工作成效进行独立第三方评估，并从2010年起连续11年对外发布"中国政府透明度指数报告"。2015年以来，课题组每年都会单独出版"中国政务公开第三方评估报告"，汇集上一年政务公开第三方评估的详细分析，展示成效、揭示问题、提出建议。到2020年发布《中国政务公开第三方评估报告（2019）》，这已经是连续第六年发布此报告。

　　本年度发布的报告依旧围绕政务公开的重点领域、重要方面，通过实际观察、实际验证，分析了上至国务院部门，下至县（市、区）政府落实政务公开工作要求的情况，并站在公众视角，基于需求导向，分析了各级政府机关政务公开与公众需求之间的差距。借此，希望切实推动有关领域的政务公开工作。

第三方评估是站在政府之外看政府，为的是避免政府自说自话，防止其身在其中导致难以发现自身存在的不足和问题。其实，这也以另外一种形式在政府与公众之间架起了一座沟通的桥梁，有助于更好对接政务公开工作和公众需求。

多年来，政务公开第三方评估始终是在中国社会科学院法学研究所、国际法研究所联合党委的坚强领导和法学研究所领导的大力支持下进行的，得到了中央、地方有关部门和兄弟单位专家学者的热忱关心和无私帮助，报告的编辑出版倾注了中国社会科学出版社社长赵剑英先生、副总编辑王茵女士和责任编辑马明老师的大量心血，我们对此深表感谢，也衷心欢迎各界朋友继续关心和支持这份报告！

著　者

2020 年 7 月

田禾，现任中国社会科学院国家法治指数研究中心主任、法学研究所法治指数创新工程项目组首席研究员、《法治蓝皮书》主编，兼任最高人民法院网络安全和信息化专家咨询委员会委员、最高人民法院执行特邀咨询专家、安徽省人民政府政务公开顾问、广东省中山市地方立法咨询专家、西藏自治区林芝市人民政府专家咨询委员会委员等职务。被中共中央、国务院授予"全国先进工作者"荣誉称号，享受国务院颁发的政府特殊津贴，《法制日报》"2017年度法治人物"。主要研究领域包括刑事法治、实证法学、司法制度等。

吕艳滨，现任中国社会科学院国家法治指数研究中心副主任、法学研究所法治国情调研室主任、法治指数创新工程项目组执行研究员、《法治蓝皮书》执行主编。主要研究领域包括行政法、信息法、实证法学等。

中国社会科学院国家法治指数研究中心
法学研究所法治指数创新工程项目组
重点书目

一 中社智库·国家智库报告

1. 中国政务公开第三方评估报告（2018）
2. 中国法院信息化第三方评估报告
3. 基本解决执行难评估报告——以深圳市中级人民法院为样本
4. 人民法院基本解决执行难第三方评估报告（2016）
5. 标准公开的现状与展望
6. 中国司法公开第三方评估报告（2018）
7. 中国高等教育透明度指数报告（2015）

二 中社智库·地方智库报告

1. 社会治理：潍坊智慧城市实践
2. 社会治理：珠海平安社会建设
3. 社会治理：新时代"枫桥经验"的线上实践

三 中社智库·年度报告

1. 中国政府透明度（2018）
2. 中国政府透明度（2019）
3. 中国政府透明度（2020）

4. 中国政府透明度（2019）：义务教育透明度报告

四　其他重点书

1. 法治建设的中国路径（理解中国丛书）

2. 司法公开：由朦胧到透明的中国法院（法治中国丛书）